Tortentraum

Tortentraum

Traumtorten oder Tortentraum

Sind Sie immer auf der Suche nach neuen Backrezepten?
Wollen Sie Freundinnen und Nachbarinnen mit neuen Backkreationen beeindrucken? Dann sind Sie hier richtig.

Hier finden Sie die angesagten neuen Kreationen aus der weiten Welt wie den New York Cheesecake oder die Fruity-Matcha-Torte, hier gibt es Schoko-Panna-Cotta-Schnitten und Café-frappé-Torte. Probieren Sie auch die fruchtige Smoothietorte oder die Aperol-Rhabarber-Torte. Stehen Sie mehr auf ländliche Kreationen, dann sind Sie bei Mohn-Preiselbeer-, Holunder-Apfel- und Schwarzbrot-Sauerkirsch-Torte richtig.

Und für den großen Hunger gibt es Browniekuchen mit Frischkäse, frischen Ananaskuchen und Amazonas-Kuchen.

Und alles ausprobiert und für gut befunden vom Dr. Oetker Verlag.

Lemoncurd Cheesecake

12 Stücke

Für den Boden:
200 g Vollkorn-Butterkekse
130 g Butter

Für die Füllung:
1 kleine Bio-Zitrone (unbehandelt, ungewachst)
600 g Doppelrahm-Frischkäse
150 g Schmand (Sauerrahm)
120 g Zucker
3 Eier (Größe M)
2 EL Zitronensaft (von der Bio-Zitrone)
½ Pck. Dr. Oetker Pudding-Pulver Vanille-Geschmack

Für den Guss:
130 g Lemoncurd

Zubereitungszeit: 75 Minuten, ohne Kühlzeit
Backzeit: etwa 60 Minuten

Fruchtig

Pro Stück:
E: 9 g, F: 32 g, Kh: 31 g,
kJ: 1879, kcal: 448, BE: 2,5

1. Für den Boden Butterkekse in einen Gefrierbeutel geben. Den Beutel fest verschließen. Butterkekse mit einer Teigrolle fein zerbröseln und in eine Rührschüssel geben. Butter in einem kleinen Topf zerlassen, zu den Keksbröseln geben und gut verrühren.

2. Die Bröselmasse in eine Springform (ø 24 cm) geben, mit einem Esslöffel zu einem Boden andrücken und vorsichtig einen etwa 2 cm hohen Rand formen. Die Form mindestens 10 Minuten in den Kühlschrank stellen.

3. Für die Füllung Zitrone heiß abwaschen, abtrocknen und die Schale abreiben. Zitrone halbieren, den Saft auspressen und 2 Esslöffel abmessen.

4. Den Backofen vorheizen. Ober-/Unterhitze: etwa 180 °C, Heißluft: etwa 160 °C.

5. Frischkäse mit Schmand, Zitronenschale und Zucker in einer Rührschüssel mit Handrührgerät mit Rührbesen auf mittlerer Stufe glatt rühren. Eier nach und nach unterrühren. Zitronensaft mit Pudding-Pulver verrühren, zu der Frischkäsemasse geben und so lange weiterschlagen, bis die Masse anfängt fest zu werden.

6. Die Frischkäsemasse auf den Bröselboden in die Springform geben und glatt streichen. Die Form auf dem Rost in den vorgeheizten Backofen (unteres Drittel) schieben. Cheesecake etwa 60 Minuten backen.

7. Die Form auf einen Kuchenrost stellen. Cheesecake erkalten lassen und aus der Form lösen.

8. Cheesecake mindestens 4 Stunden in den Kühlschrank stellen.

9. Für den Guss Lemoncurd glatt rühren. Den Cheesecake damit bestreichen.

Tipps: Nach Belieben 1 kleine Bio-Zitrone heiß abwaschen, abtrocknen und in dünne Scheiben schneiden. Lemoncurd Cheesecake mit den Zitronenscheiben garnieren. Kalt gestellt, hält sich der Lemoncurd-Cheesecake 3–4 Tage.

LPG-Torte

12 Stücke

Für den Rührteig:
125 g weiche Butter oder Margarine
125 g Zucker
1 Pck. Dr. Oetker Vanillin-Zucker
3 Eier (Größe M)
150 g Weizenmehl
25 g Speisestärke
1 gestr. TL Dr. Oetker Backin

Für die Füllung:
750 ml (¾ l) Milch
1 Pck. Dr. Oetker Pudding-Pulver Vanille-Geschmack
1 Pck. Saucenpulver Vanille-Geschmack, zum Kochen
60 g Zucker
250 g Butter

75 ml Rum
etwa 150 g Butterkekse

Für den Guss:
100 g Zartbitter-Schokolade (50 % Kakaoanteil)
1 TL Speiseöl

Zubereitungszeit: 45 Minuten, ohne Kühlzeit
Backzeit: 20–25 Minuten

Mit Alkohol

Pro Stück:
E: 7 g, F: 36 g, Kh: 45 g,
kJ: 2277, kcal: 544, BE: 3,5

1. Den Backofen vorheizen. Ober-/Unterhitze: etwa 180 °C, Heißluft: etwa 160 °C.

2. Für den Teig Butter oder Margarine in einer Rührschüssel mit Handrührgerät mit Rührbesen geschmeidig rühren. Nach und nach Zucker und Vanillin-Zucker unterrühren. So lange rühren, bis eine gebundene Masse entstanden ist.

3. Eier nach und nach unterrühren (jedes Ei etwa ½ Minute). Mehl mit Speisestärke und Backpulver mischen, in 2 Portionen kurz auf mittlerer Stufe unterrühren.

4. Den Teig in eine Springform (Ø 26 cm, mit Backpapier belegt) geben und glatt streichen. Die Form auf dem Rost in den vorgeheizten Backofen (unteres Drittel) schieben. Den Boden 20–25 Minuten backen.

5. Den Gebäckboden aus der Form lösen und auf einem mit Backpapier belegten Kuchenrost erkalten lassen. Mitgebackenes Backpapier entfernen. Boden einmal waagerecht durchschneiden. Den unteren Gebäckboden auf eine Tortenplatte legen, einen Tortenring darumstellen.

6. Für die Füllung aus Milch, Pudding-Pulver, Saucenpulver und Zucker einen Pudding nach Packungsanleitung (aber mit den hier angegebenen Zutaten) zubereiten. Butter unter den heißen Pudding rühren. Die Puddingmasse unter gelegentlichem Rühren etwa 20 Minuten abkühlen lassen.

7. Die Hälfte der Puddingmasse auf den unteren Gebäckboden geben und glatt streichen. Die Hälfte des Rums in einen flachen Teller geben. Die Hälfte der Butterkekse jeweils halbieren und nacheinander kurz durch den Rum ziehen. Butterkekshälften auf der Puddingmasse verteilen.

8. Den oberen Gebäckboden darauflegen. Restliche Puddingmasse darauf verteilen. Die restlichen Butterkekse halbieren und nur von einer Seite durch den Rum ziehen (tränken). Butterkekshälften mit der getränkten Seite dicht an dicht auf die Puddingmasse legen (evtl. die Butterkekse zurechtschneiden). Die Torte mindestens 4 Stunden kalt stellen.

9. Für den Guss Schokolade in Stücke brechen, mit Speiseöl in einem kleinen Topf im heißen Wasserbad bei schwacher Hitze unter Rühren schmelzen. Den Tortenring entfernen.

10. Die Schokolade auf die Tortenoberfläche geben und glatt streichen. Schokolade fest werden lassen.

Tipp: Die Tortenoberfläche mit geraspelter, weißer Schokolade und geschmolzener, weißer Schokolade verzieren.

Amarena-Kirsch-Torte

12 Stücke

Für den Tortenboden:
250 g Mini-Cookies mit 40 % Schokolade
100 g Butter

Für den Belag:
1 Glas Amarena-Kirschen (Abtropfgewicht 140 g)
4 Blatt weiße Gelatine
500 g Mascarpone (ital. Frischkäse)
500 g Magerquark
50 g Zucker
abgeriebene Schale von 1 Bio-Zitrone (unbehandelt, ungewachst)
4 EL Zitronensaft
4 EL Amarenaflüssigkeit (von den Kirschen)

evtl. Kakaopulver

Zubereitungszeit:
35 Minuten, ohne Kühlzeit

Begeistert Gäste

Pro Stück:
E: 9 g, F: 30 g, Kh: 25 g,
kJ: 1725, kcal: 411, BE: 2,0

1. Einen Tortenring (Ø 26 cm) auf eine mit Backpapier oder Tortenspitze belegte Platte stellen.

2. Für den Tortenboden Mini-Cookies (6 Stück beiseitelegen) in einen Gefrierbeutel geben. Beutel verschließen. Cookies mit einer Teigrolle fein zerbröseln und in eine Rührschüssel geben. Butter zerlassen und abkühlen lassen. Butter unter die Bröselmasse rühren. Die Masse in den Tortenring geben und mit einem Löffel gleichmäßig zu einem Boden andrücken. Tortenboden kalt stellen.

3. Für den Belag Kirschen in einem Sieb abtropfen lassen, die Amarenaflüssigkeit auffangen. 6 Kirschen beiseitelegen. Restliche Kirschen halbieren.

4. Gelatine in kaltem Wasser nach Packungsanleitung einweichen. Mascarpone mit Quark, Zucker und Zitronenschale verrühren. Gelatine ausdrücken, in einem kleinen Topf bei schwacher Hitze unter Rühren erwärmen (nicht kochen), bis sie völlig gelöst ist. Zitronensaft unterrühren. Gelatinemischung zunächst mit 3–4 Esslöffeln der Mascarpone-Quark-Masse verrühren. Dann unter die restliche Mascarpone-Quark-Masse rühren. Unter 1/3 der Masse die halbierten Kirschen heben, auf den Bröselboden geben und glatt streichen. Die restliche Mascarpone-Quark-Masse daraufgeben und ebenfalls glatt streichen.

5. Die Amarenaflüssigkeit auf der Mascarpone-Quark-Masse verteilen und mit einer Gabel oder einem Löffelstiel ein Marmormuster durch die Oberfläche ziehen. Die Torte etwa 2 Stunden in den Kühlschrank stellen. Tortenring lösen und entfernen.

6. Beiseitegelegte Kirschen halbieren. Die beiseitegelegten Cookies in Stücke brechen. Die Tortenoberfläche mit den halbierten Kirschen und Gebäckstücken garnieren. Nach Belieben mit etwas Kakao bestäuben.

Apfel-Dinkel-Torte

12 Stücke

Für den Knetteig:
175 g Dinkelmehl (erhältlich im Bioladen oder Reformhaus)
1 gestr. TL Dr. Oetker Backin
60 g brauner Zucker (Rohrzucker)
1 Ei (Größe M)
70 g weiche Butter oder Margarine

Für die Füllung:
900 g Äpfel, z. B. Cox Orange oder Elstar
600 ml Apfelsaft, naturtrüb
2 Pck. Dr. Oetker Pudding-Pulver Vanille-Geschmack
100 g brauner Zucker (Rohrzucker)

Für den Belag:
250 g Schlagsahne
1 Pck. Dr. Oetker Sahnesteif
1 Pck. Dr. Oetker Bourbon-Vanille-Zucker

Zum Garnieren:
etwa 2 rote Äpfel
etwas Zitronensaft

Zum Bestäuben:
Puderzucker

Zubereitungszeit: 40 Minuten, ohne Kühlzeit
Backzeit: 60–70 Minuten

Für den Kaffeeklatsch

Pro Stück:
E: 3 g, F: 13 g, Kh: 45 g, kJ: 1313, kcal: 314, BE: 4,0

1. Für den Teig Mehl in eine Rührschüssel geben. Restliche Zutaten hinzufügen und mit Handrührgerät mit Rührbesen zunächst kurz auf niedrigster, dann auf höchster Stufe zu einem glatten Teig verarbeiten. Den Teig in Frischhaltefolie gewickelt etwa 30 Minuten kalt stellen.

2. Für die Füllung Äpfel schälen, vierteln, entkernen und in Spalten schneiden. 100 ml Apfelsaft mit Pudding-Pulver und Zucker anrühren. Restlichen Apfelsaft mit den Apfelspalten in einem Topf zum Kochen bringen und etwa 1 Minuten kochen lassen. Den Topf von der Kochstelle nehmen. Angerührtes Pudding-Pulver einrühren und unter Rühren einmal aufkochen lassen. Den Topf von der Kochstelle nehmen. Apfelmasse erkalten lassen.

3. In der Zwischenzeit den Backofen vorheizen. Ober-/Unterhitze: etwa 180 °C, Heißluft: etwa 160 °C.

4. Zwei Drittel des Teiges auf dem Boden einer Springform (Ø 26 cm, gefettet) ausrollen. Einen Springformrand darumstellen. Die Form auf dem Rost in den vorgeheizten Backofen schieben. Den Knetteigboden etwa 10 Minuten vorbacken.

5. Die Form auf einen Kuchenrost stellen. Den Boden erkalten lassen.

6. Restlichen Teig zu einer langen Rolle formen, als Rand auf den vorgebackenen Boden legen und so an die Form drücken, dass ein etwa 3 cm hoher Rand entsteht.

7. Die Pudding-Apfel-Masse auf dem vorgebackenen Boden verteilen. Die Form wieder auf dem Rost in den vorgeheizten Backofen (untere Schiene) schieben. Die Torte bei gleicher Backofentemperatur 50–60 Minuten backen.

8. Die Form auf einen Kuchenrost stellen. Die Torte etwa 15 Minuten in der Form abkühlen lassen, dann den Tortenrand mit einem Messer lösen. Tortenboden in der Form erkalten lassen.

9. Für den Belag Sahne mit Sahnesteif und Vanille-Zucker steif schlagen. Die Torte aus der Form lösen und auf eine Tortenplatte setzen. Die Sahne auf der Tortenoberfläche verteilen und mit einem Esslöffel wellenartig verstreichen.

10. Zum Garnieren Äpfel waschen, abtrocknen, vierteln, entkernen und in schmale Spalten schneiden. Apfelspalten mit Zitronensaft beträufeln. Die Tortenoberfläche damit garnieren.

11. Den Tortenrand vor dem Servieren mit Puderzucker bestäuben.

Altbier-Schoko-Torte

12 Stücke

Zum Vorbereiten:
375 ml (3/8 l) Altbier
225 g Butter
450 g Zucker
2 Pck. Dr. Oetker Vanillin-Zucker
75 g gesiebtes Kakaopulver

Für den Teig:
3 Eier (Größe M)
150 g saure Sahne
300 g Weizenmehl
3 gestr. TL Natron

Für die Schaumhaube:
300 g Doppelrahm-Frischkäse
125 g Puderzucker
125 g Schlagsahne

Zubereitungszeit: 25 Minuten, ohne Abkühlzeit
Backzeit: etwa 45 Minuten

Mit Alkohol

Pro Stück:
E: 9 g, F: 31 g, Kh: 70 g,
kJ: 2542, kcal: 608, BE: 6,0

1. Zum Vorbereiten Altbier in einem Topf erwärmen. Butter darin zerlassen. Den Topf von der Kochstelle nehmen. Zucker mit Vanillin-Zucker und Kakao mischen. Mit einem Schneebesen gründlich unter die Bier-Butter-Mischung rühren, abkühlen lassen.

2. Den Backofen vorheizen. Ober-/Unterhitze: etwa 180 °C, Heißluft: etwa 160 °C.

3. Für den Teig Eier und saure Sahne in einer großen Rührschüssel kurz mit Handrührgerät mit Rührbesen verrühren. Die Biermischung unterrühren. Mehl mit Natron mischen und in 2 Portionen auf mittlerer Stufe unterrühren.

4. Den dickflüssigen Teig in eine Springform (Ø 26 cm, Boden mit Backpapier belegt) füllen. Die Form auf dem Rost in den vorgeheizten Backofen schieben. Die Torte etwa 45 Minuten backen.

5. Die Form auf einen Kuchenrost stellen. Die Torte etwa 10 Minuten in der Form stehen lassen. Dann aus der Form lösen und mit dem Backpapier auf einem Kuchenrost erkalten lassen. Anschließend Backpapier entfernen.

6. Für die Schaumhaube Frischkäse mit Puderzucker und Sahne in einer hohen Rührschüssel mit Handrührgerät mit Rührbesen zunächst kurz auf niedrigster, dann auf höchster Stufe zu einer streichfähigen Creme aufschlagen. Die Creme in Wellen als Schaumhaube auf die Tortenoberfläche streichen. Die Torte bis zum Servieren kalt stellen.

a

Zebra-Crashtorte

12 Stücke

Für den Teig:
3 Eier (Größe M)
150 g Zucker
1 Pck. Dr. Oetker Vanillin-Zucker
125 ml (1/8 l) Speiseöl
200 g Weizenmehl
3 gestr. TL Dr. Oetker Backin
1 EL (10 g) gesiebtes Kakaopulver
1 EL Milch oder Wasser

Für die Füllung:
6 Blatt weiße Gelatine
600 g Joghurt
(nach griechischer Art, 9,4 % Fett)
40 g Zucker
300 g kleine Erdbeeren
1 Dose Mandarinen
(Abtropfgewicht 175 g)
2 EL Mandarinensaft (aus der Dose)
200 g Schlagsahne

Zubereitungszeit: 40 Minuten,
ohne Kühlzeit
Backzeit: 35–40 Minuten

Für Kinder

Pro Stück:
E: 7 g, F: 23 g, Kh: 35 g,
kJ: 1559, kcal: 372, BE: 3,0

1. Den Backofen vorheizen. Ober-/Unterhitze: etwa 180 °C, Heißluft: etwa 160 °C.

2. Für den Teig Eier mit Zucker und Vanillin-Zucker in einer Rührschüssel mit Handrührgerät mit Rührbesen in etwa 2 Minuten schaumig rühren. Speiseöl unterrühren. Mehl mit Backpulver mischen und unter den Teig rühren. Den Teig halbieren. Unter eine Teighälfte Kakao und Milch oder Wasser rühren.

3. Für das Zebramuster zunächst gut 2 Esslöffel des dunklen Teiges in die Mitte einer Springform (Ø 26 cm, mit Backpapier belegt) geben (nicht verstreichen). Auf den dunklen Teig gut 2 Esslöffel des hellen Teiges geben (nicht daneben). Die Vorgänge wiederholen, bis beide Teige aufgebraucht sind. Den Teig nicht glatt streichen. Die Form auf dem Rost in den vorgeheizten Backofen schieben. Den Tortenboden 35–40 Minuten backen.

4. Den Tortenboden aus der Form lösen und mit dem Backpapier auf einen Kuchenrost ziehen. Tortenboden erkalten lassen und einmal waagerecht durchschneiden. Den unteren Tortenboden auf eine Tortenplatte legen. Einen Tortenring darumstellen. Den oberen Tortenboden in etwa 3 cm große Würfel schneiden. (Abbildung a)

5. Für die Füllung Gelatine in kaltem Wasser nach Packungsanleitung einweichen. Joghurt mit Zucker verrühren. Erdbeeren putzen, abspülen, abtropfen lassen. Größere Erdbeeren halbieren. Mandarinen in einem Sieb abtropfen lassen. Den Saft auffangen und 2 Esslöffel Saft abmessen. Eingeweichte Gelatine leicht ausdrücken und in einem kleinen Topf bei schwacher Hitze unter Rühren erwärmen (nicht kochen), bis sie völlig gelöst ist. Abgemessenen Mandarinensaft unterrühren. Gelatine zunächst mit 2–3 Esslöffeln des Joghurts verrühren, dann unter den restlichen Joghurt rühren. Sahne steif schlagen und unter die Joghurtmasse heben.

6. Jeweils ein Drittel der Kuchenwürfel und Früchte unregelmäßig auf dem unteren Tortenboden verteilen. Ein Drittel der Joghurtmasse in die Zwischenräume geben. Alle Kuchenwürfel, Früchte und Joghurtmasse wie beschrieben verarbeiten, bis alles aufgebraucht ist. Die Torte etwa 3 Stunden in den Kühlschrank stellen.

Tipp: Die kleinen Randstücke des oberen Tortenbodens nicht verwenden, evtl. zerbröseln und auf den oberen Tortenrand streuen.

Schwarzbrot-Sauerkirsch-Torte

16 Stücke

Für den Knetteig:
120 g Weizenmehl
1 gestr. TL Kakaopulver
1 Msp. Dr. Oetker Backin
40 g brauner Zucker (Rohrzucker)
60 g Butter
1 EL Milch

1. Für den Knetteig Mehl mit Kakao und Backpulver in einer Rührschüssel mischen. Restliche Zutaten hinzufügen und mit Handrührgerät mit Rührbesen zunächst kurz auf niedrigster, dann auf höchster Stufe zu einem glatten Teig verarbeiten.

2. Den Teig in Frischhaltefolie gewickelt etwa 30 Minuten kalt stellen.

3. In der Zwischenzeit den Backofen vorheizen. Ober-/Unterhitze: etwa 180 °C, Heißluft: etwa 160 °C.

4. Den Teig auf dem Boden einer Springform (Ø 26 cm, gefettet) ausrollen. Teigboden mehrmals mit einer Gabel einstechen. Einen Springformrand darumstellen. Die Form auf dem Rost in den vorgeheizten Backofen schieben. Den Knetteigboden etwa 10 Minuten backen.

Für den Biskuitteig:
100 g Pumpernickel
100 g abgezogene, gemahlene Mandeln
3 Eier (Größe M)
80 g brauner Zucker (Rohrzucker)
1 Pck. Dr. Oetker Bourbon-Vanille-Zucker
100 g Weizenmehl
1 gestr. TL Dr. Oetker Backin

Zum Bestreichen:
2 EL schwarzes Johannisbeergelee

Für die Füllung:
1 Glas Sauerkirschen (Abtropfgewicht 370 g)
250 ml (¼ l) Kirschsaft (aus dem Glas)
1 Pck. ungezuckerter Tortenguss, klar
1 TL Zucker
4 Blatt weiße Gelatine
500 g Schlagsahne
30 g Puderzucker

Für den Belag:
100 g Zartbitter-Schokolade
(50 % Kakaoanteil)
1 TL Speiseöl

Zum Bestäuben:
etwa 1 geh. TL Kakaopulver
½ TL Puderzucker

Zubereitungszeit: 60 Minuten, ohne Kühlzeit
Backzeit: Knetteigboden etwa 10 Minuten
Backzeit: Biskuitteigboden 25–30 Minuten

Raffiniert

Pro Stück:
E: 6 g, F: 21 g, Kh: 36 g,
kJ: 1492, kcal: 357, BE: 3,0

5. Den Knetteigboden sofort vom Springformboden lösen, aber darauf auf einem Kuchenrost erkalten lassen.

6. Für den Biskuitteig Pumpernickelscheiben in einem Blitzhacker ganz fein hacken, mit den Mandeln gut vermischen. Eier in einer Rührschüssel mit Handrührgerät mit Rührbesen auf höchster Stufe in 1 Minute schaumig schlagen. Zucker und Vanille-Zucker mischen, in 1 Minute einstreuen, dann noch etwa 2 Minuten schlagen.

7. Mehl mit Backpulver mischen und kurz auf niedrigster Stufe unterrühren. Pumpernickel-Mandel-Mischung unterheben. Den Teig in eine Springform (Ø 26 cm, mit Backpapier belegt) geben und glatt streichen. Die Form auf dem Rost in den vorgeheizten Backofen schieben. Den Biskuitboden bei gleicher Backofentemperatur 25–30 Minuten backen.

8. Den Biskuitboden aus der Form lösen, auf einen mit Backpapier belegten Kuchenrost stürzen und erkalten lassen. Mitgebackenes Backpapier entfernen.

9. Den Knetteigboden auf eine Tortenplatte legen und mit Gelee bestreichen. Den Biskuitboden einmal waagerecht durchschneiden. Den unteren Boden auf den Knetteigboden legen.

10. Für die Füllung Sauerkirschen in einem Sieb abtropfen lassen, den Saft auffangen und 250 ml (¼ l) abmessen. Die Sauerkirschen auf dem unteren Biskuitboden verteilen, dabei einen etwa 1 cm breiten Rand frei lassen. Aus Kirschsaft, Tortengusspulver und Zucker einen Guss nach Packungsanleitung zubereiten. Den Guss sofort auf den Sauerkirschen verteilen. Die Torte etwa 30 Minuten in den Kühlschrank stellen.

11. Gelatine in kaltem Wasser nach Packungsanleitung einweichen. Sahne steif schlagen. Puderzucker unterrühren. Gelatine leicht ausdrücken, in einem kleinen Topf unter Rühren erwärmen (nicht kochen), bis sie völlig gelöst ist. Gelatine zuerst mit 2-3 Esslöffeln von der Sahne verrühren, dann unter die restliche Sahne rühren. Gut die Hälfte der Sahne auf den Sauerkirschen verteilen. Den oberen Biskuitboden darauflegen. Tortenoberfläche und -rand mit der restlichen Sahne bestreichen. Tortenrand mit einem Tortengarnierkamm verzieren. Die Torte etwa 2 Stunden in den Kühlschrank stellen.

12. Für den Belag Schokolade in Stücke brechen, mit Speiseöl in einem kleinen Topf im heißen Wasserbad bei schwacher Hitze unter Rühren schmelzen. Die Schokolade auf eine mit Backpapier belegte Platte gießen und zu einem Kreis (Ø etwa 24 cm) verstreichen. Schokolade fest werden lassen. Die Schokoladenplatte in Stücke brechen und in die Tortenoberfläche stecken.

13. Zum Bestäuben Kakao mit Puderzucker mischen. Die Torte damit bestäuben.

Grüne Apfeltorte

12 Stücke

Für den Rührteig:
100 g weiche Butter oder Margarine
75 g Zucker
2 Eier (Größe M)
125 g Weizenmehl
1 gestr. TL Dr. Oetker Backin

Für die Füllung:
250 ml (¼ l) Milch
250 g Schlagsahne
1 Pck. Grand Dessert Pudding Bourbon Vanille (Creme Pudding aus Raspeln)

Für den Belag:
5 Äpfel (etwa 750 g, Granny Smith)
175 g Apfelgelee
1 EL Wasser

2 EL Zitronensaft
150 ml Apfelsaft (von den Äpfeln)
½ TL Zitronensäure
5 Blatt weiße Gelatine

Zubereitungszeit: 40 Minuten, ohne Kühlzeit
Backzeit: etwa 20 Minuten

Raffiniert – für Kinder

Pro Stück:
E: 4 g, F: 17 g, Kh: 35 g,
kJ: 1310, kcal: 313, BE: 3,0

1. Den Backofen vorheizen. Ober-/Unterhitze: etwa 180 °C, Heißluft: etwa 160 °C.

2. Für den Teig Butter oder Margarine in einer Rührschüssel mit Handrührgerät mit Rührbesen geschmeidig rühren. Nach und nach Zucker unterrühren. So lange rühren, bis eine gebundene Masse entstanden ist. Eier nach und nach unterrühren (jedes Ei etwa ½ Minute). Mehl und Backpulver mischen, auf mittlerer Stufe unterrühren. Den Teig in eine Springform (Ø 26 cm, gefettet) geben und glatt streichen.

3. Die Form auf dem Rost in den vorgeheizten Backofen schieben. Den Tortenboden etwa 20 Minuten backen.

4. Den Tortenboden aus der Form lösen und auf einen mit Backpapier belegten Kuchenrost stürzen. Tortenboden erkalten lassen und auf eine Tortenplatte legen. Einen Tortenring darumstellen.

5. Für die Füllung aus Milch, Sahne und Creme Pudding einen Pudding nach Packungsanleitung zubereiten. Den Pudding etwa 5 Minuten abkühlen lassen, dabei 2–3-mal umrühren. Den warmen Pudding auf dem Tortenboden verteilen.

6. Für den Belag Äpfel heiß abspülen, abtrocknen und schälen. Von den Apfelschalen 150 g abwiegen und beiseitelegen. Äpfel vierteln und entkernen. Apfelviertel von 3 ½ Äpfeln in etwa 1 cm dicke Spalten schneiden. Restliche Apfelviertel und beiseitegelegte Schalen klein schneiden.

7. Apfelgelee mit Wasser in einem Topf zum Kochen bringen. Apfelspalten darin bei mittlerer Hitze 2–3 Minuten dünsten. Apfelspalten in einem Sieb abtropfen lassen, den Saft dabei auffangen und 150 ml abmessen. Apfelspalten erkalten lassen und auf dem erkalteten Pudding verteilen. Die Torte wieder in den Kühlschrank stellen.

8. Apfelschalen-, stücke, Zitronensaft, Apfelsaft und Zitronensäure im Mixer fein zerkleinern. Gelatine in kaltem Wasser nach Packungsanleitung einweichen. Gelatine ausdrücken und in einem kleinen Topf bei schwacher Hitze unter Rühren erwärmen (nicht kochen), bis sie völlig gelöst ist. Gelatine unter die Apfelmasse rühren und kalt stellen, zwischendurch umrühren.

9. Wenn die Apfelmasse anfängt zu gelieren, auf den Apfelspalten verteilen. Die Torte wieder etwa 1 Stunde in den Kühlschrank stellen. Tortenring lösen und entfernen. Die Torte bis zum Servieren in den Kühlschrank stellen.

Tipp: Statt Creme Pudding aus Raspelschokolade 1 Päckchen Gala Bourbon-Vanille-Pudding-Pulver oder Garant Vanille-Pudding-Pulver verwenden. Jeweils nach Packungsanleitung, aber mit 250 ml (¼ l) Milch und 250 g Schlagsahne zubereiten.

Lava-Torte

12 Stücke

Für den Boden:
75 g Butterkekse

Für den Teig:
4 Eiweiß (Größe M)
1 Prise Salz
200 g feinster Zucker
1 TL abgeriebene Schale von 1 Bio-Zitrone (unbehandelt, ungewachst)
100 g Kokosraspel
75 g Schokoladenplättchen, zum Backen

Für den Belag:
250 g Himbeeren
400 g Schlagsahne
2 Pck. Dr. Oetker Sahnesteif
1 Pck. Dr. Oetker Vanillin-Zucker
1 EL Zitronensaft

Zum Bestreuen:
25 g Schokoladenplättchen, zum Backen

evtl. etwas Puderzucker

Zubereitungszeit: 40 Minuten, ohne Kühlzeit
Backzeit: etwa 40 Minuten

Sommertorte – fruchtig

Pro Stück:
E: 3 g, F: 14 g, Kh: 22 g,
kJ: 971, kcal: 232, BE: 2,0

1. Für den Boden Butterkekse auf dem Boden einer Springform (Ø 26 cm, mit Backpapier belegt) verteilen.

2. Den Backofen vorheizen. Ober-/Unterhitze: etwa 180 °C, Heißluft: etwa 160 °C.

3. Für den Teig Eiweiß und Salz mit Handrührgerät mit Rührbesen sehr steif schlagen. Zucker nach und nach kurz unterschlagen. Zitronenschale, Kokosraspel und Schokoladenplättchen unter den Eischnee heben. Die Eischneemasse auf den Butterkeksen in der Form verteilen und unregelmäßig verstreichen.

4. Die Form auf dem Rost in den vorgeheizten Backofen schieben. Den Baiserboden etwa 40 Minuten backen.

5. Den Baiserboden vom Springformrand lösen und entfernen. Den Baiserboden mit dem Backpapier vom Springformboden auf einen Kuchenrost ziehen. Baiserboden erkalten lassen.

6. Für den Belag Himbeeren abspülen, abtropfen lassen, entstielen und auf Küchenpapier legen. Himbeeren gut trocken tupfen.

7. Den Baiserboden vom Backpapier lösen und auf eine Tortenplatte legen. Knapp die Hälfte der Himbeeren in den Vertiefungen des Baiserbodens verteilen. Sahne mit Sahnesteif und Vanillin-Zucker steif schlagen. Zitronensaft unterheben. Die Zitronensahne auf die Himbeeren geben und unregelmäßig verstreichen. Die restlichen Himbeeren auf der Zitronensahne verteilen.

8. Zum Bestreuen Schokoladenplättchen grob hacken und auf die Tortenoberfläche streuen. Die Torte etwa 30 Minuten in den Kühlschrank stellen. Die Torte nach Belieben vor dem Servieren mit Puderzucker bestäuben.

Tipps: Eine Weinschaumsauce dazureichen. Dazu 4 Eigelb (Größe M), 25 g Zucker und 1 Teelöffel Speisestärke in einem Topf verrühren. 150 ml Weißwein unterrühren. Die Zutaten unter Rühren mit einem Schneebesen bei mittlerer Hitze aufschlagen, bis sich eine Kochblase gebildet hat.
Die Weinschaumsauce erkalten lassen und zu der Lava-Torte reichen. Für Kinder statt Weißwein Apfelsaft verwenden. Die Torte recht bald verzehren.

Holunder-Apfel-Torte

16 Stücke

Für den Knetteig:
150 g Weizenmehl
100 g Butter oder Margarine
50 g Puderzucker

Für den Biskuitteig:
3 Eier (Größe M)
100 g Zucker
1 Pck. Dr. Oetker Vanillin-Zucker
80 g Weizenmehl
1 gestr. TL Dr. Oetker Backin
25 g Speisestärke

1. Für den Teig Mehl in eine Rührschüssel geben. Restliche Zutaten hinzufügen und mit Handrührgerät mit Rührbesen zunächst kurz auf niedrigster, dann auf höchster Stufe zu einem glatten Teig verarbeiten. Den Teig in Frischhaltefolie gewickelt etwa 30 Minuten kalt stellen.

2. Den Backofen vorheizen. Ober-/Unterhitze: etwa 180 °C. Heißluft: etwa 160 °C.

3. Den Teig auf dem Boden einer Springform (Ø 26 cm, gefettet) ausrollen. Den Teigboden mehrmals mit einer Gabel einstechen. Einen Springformrand darumstellen. Die Form auf dem Rost in den vorgeheizten Backofen schieben. Den Knetteigboden 10–15 Minuten backen. Den Knetteigboden sofort vom Springformboden lösen, aber darauf auf einem Kuchenrost erkalten lassen.

Für die Füllung:
750 g Äpfel, z. B. Elstar, Cox Orange
1 EL Zucker

etwa 2 EL Quittengelee zum Bestreichen

250 ml (¼ l) Holundersaft (Handelsware)
150 ml Apfelsaft, klar
1 Pck. Dr. Oetker Pudding-Pulver Vanille-Geschmack
30 g Zucker
4 Blatt weiße Gelatine
250 g Schlagsahne
200 g Schmand (Sauerrahm)
30 g Zucker

Für den Guss:
150 ml Holundersaft (Handelsware)
100 ml Apfelsaft, klar
1 Pck. ungezuckerter Tortenguss, klar
1 EL Zucker

Nach Belieben zum Verzieren:
150 g Schlagsahne
1 Pck. Dr. Oetker Sahnesteif
1 Pck. Dr. Oetker Vanillin-Zucker

Zubereitungszeit: 60 Minuten, ohne Kühlzeit
Backzeit: Knetteigboden 10–15 Minuten
Backzeit: Biskuitboden etwa 25 Minuten

Etwas aufwendiger

Pro Stück:
E: 5 g, F: 15 g, Kh: 42 g, kJ: 1344, kcal: 321, BE: 3,5

4. Für den Biskuitteig Eier in einer Rührschüssel mit Handrührgerät mit Rührbesen auf höchster Stufe in 1 Minute schaumig schlagen. Zucker in 1 Minute einstreuen, dann noch etwa 2 Minuten schlagen. Mehl mit Backpulver und Speisestärke mischen, kurz auf niedrigster Stufe unterrühren. Den Teig in eine Springform (Ø 26 cm, mit Backpapier belegt) geben und glatt streichen. Die Form auf dem Rost in den vorgeheizten Backofen (unteres Drittel) schieben. Den Biskuitboden bei gleicher Backofentemperatur etwa 25 Minuten backen.

5. Den Biskuitboden aus der Form lösen und auf einen mit Backpapier belegten Kuchenrost stürzen, erkalten lassen. Mitgebackenes Backpapier entfernen.

6. Für die Füllung Äpfel schälen, vierteln, entkernen und in dünne Spalten schneiden. Apfelspalten mit dem Zucker in einem Topf unter Rühren dünsten, erkalten lassen.

7. Den Knetteigboden auf eine Tortenplatte legen und mit Gelee bestreichen. Den Biskuitboden einmal waagerecht durchschneiden. Den unteren Boden auf den Knetteigboden legen. Einen Tortenring darumstellen. Apfelspalten auf dem unteren Biskuitboden verteilen. Aus Holunder-, Apfelsaft, Pudding-Pulver und Zucker einen Pudding nach Packungsanleitung (aber mit der hier angegebenen Saftmenge) zubereiten. Den warmen Pudding auf die Apfelspalten geben und glatt streichen. Die Torte etwa 1 Stunde in den Kühlschrank stellen.

8. Gelatine in kaltem Wasser nach Packungsanleitung einweichen. Sahne steif schlagen. Schmand mit Zucker verrühren. Gelatine leicht ausdrücken, in einem kleinen Topf unter Rühren erwärmen (nicht kochen), bis sie völlig gelöst ist. Gelatine zuerst mit 2–3 Esslöffeln der Schmandmasse verrühren, dann unter die restliche Schmandmasse rühren. Sahne unterheben.

9. Die Schmand-Sahne-Creme auf den Pudding geben und glatt streichen. Den oberen Biskuitboden darauflegen und leicht andrücken. Die Torte etwa 2 Stunden in den Kühlschrank stellen.

10. Für den Guss aus Holunder-, Apfelsaft, Tortengusspulver und Zucker einen Guss nach Packungsanleitung zubereiten. Den Guss vorsichtig auf dem oberen Biskuitboden verteilen. Die Torte nochmals etwa 30 Minuten kalt stellen. Tortenring lösen und entfernen.

11. Nach Belieben Sahne mit Sahnesteif und Vanillin-Zucker steif schlagen, in einen Spritzbeutel mit Sterntülle (Ø 10 mm) füllen. Den oberen Tortenrand mit Sahne verzieren.

Bionade-Buttermilch-Torte

12 Stücke

Für den Teig:
50 g Butter
100 g Zartbitter-Kuvertüre
225 g Früchtemüsli (40 % Fruchtanteil und Vitamin C, ohne Zuckerzusatz)

Für den Belag:
2 kleine Dosen Birnenhälften (Williams-Christ, Abtropfgewicht je 230 g)
7 Blatt weiße Gelatine
500 ml (½ l) Buttermilch
90 g Zucker
1 Pck. Dr. Oetker Bourbon-Vanille-Zucker
50 ml Birnensaft (aus den Dosen)
400 g Schlagsahne

Für den Guss:
5 Blatt weiße Gelatine
1 Flasche (330 ml) Bionade-Holunder
abgeriebene Schale von 1 Bio-Zitrone oder -Limette
2 EL Zitronen- oder Limettensaft
1 Prise gemahlener Zimt
50 ml Birnensaft (aus den Dosen)
40 g Zucker

Zubereitungszeit: 45 Minuten, ohne Kühlzeit

Fruchtig

Pro Stück:
E: 6 g, F: 18 g, Kh: 40 g,
kJ: 1463, kcal: 349, BE: 3,5

1. Für den Teig Butter in einem kleinen Topf zerlassen. Kuvertüre in kleine Stücke hacken und in der Butter unter Rühren schmelzen. Müsli in eine Rührschüssel geben und mit der Butterkuvertüre gut verrühren.

2. Einen Springformrand oder einen Tortenring (Ø 26 cm) auf eine mit Tortenspitze oder Backpapier belegte Tortenplatte stellen. Die Müslimasse darin verteilen und mithilfe eines Löffels gut zu einem Boden andrücken. Den Boden im Kühlschrank fest werden lassen.

3. Für den Belag Birnenhälften in einem Sieb abtropfen lassen. Gelatine in kaltem Wasser nach Packungsanleitung einweichen. Buttermilch mit Zucker und Vanille-Zucker in einer Rührschüssel verrühren. Birnensaft in einem kleinen Topf erhitzen. Gelatine ausdrücken, in dem Saft unter Rühren auflösen und unter die Buttermilchmasse rühren. Die Masse in den Kühlschrank stellen.

4. Sahne steif schlagen. Sobald die Masse anfängt zu gelieren, Sahne unterheben, auf den Müsliboden geben und glatt streichen.

5. Die Birnenhälften mit der Wölbung nach unten auf der Buttermilch-Sahne-Creme verteilen und leicht eindrücken. Die Torte etwa 3 Stunden in den Kühlschrank stellen.

6. Für den Guss Gelatine in kaltem Wasser nach Packungsanleitung einweichen. Bionade mit Zitronen- oder Limettenschale, -saft und Zimt in einer Rührschüssel verrühren. Birnensaft in einem kleinen Topf erhitzen. Gelatine ausdrücken, in dem Saft unter Rühren auflösen, Zucker unterrühren. Gelatinemischung unter die Bionadeflüssigkeit rühren. Die Flüssigkeit vorsichtig auf die Birnenoberfläche gießen. Die Torte nochmals 1–2 Stunden in den Kühlschrank stellen, Guss fest werden lassen. Springformrand oder Tortenring lösen und entfernen.

Tipp: 150 g verlesene, abgespülte und trocken getupfte Blaubeeren in die Birnenhälften geben und anschließend den Guss daraufgeben.

Bananen-Schoko-Torte (Marmorierte Schokotorte)

16 Stücke

Für den Biskuitteig:
3 Eier (Größe M)
100 g Zucker
1 Pck. Dr. Oetker Vanillin-Zucker
80 g Weizenmehl
1 gestr. TL Dr. Oetker Backin
1 Pck. Gala Schokoladen-Pudding-Pulver

Für die Füllung und den Belag:
200 g Edelbitter-Schokolade (55 % Kakaoanteil)
100 g Schlagsahne
10 g Butter
2 große Bananen
1 EL Zitronensaft
3 Blatt weiße Gelatine
400 g Schlagsahne
1 Pck. Dr. Oetker Vanillin-Zucker

evtl. Kakaopulver

Zubereitungszeit: 40 Minuten, ohne Kühlzeit
Backzeit: etwa 25 Minuten

Für den besonderen Anlass

Pro Stück:
E: 4 g, F: 16 g, Kh: 22 g, kJ: 1051, kcal: 251, BE: 2,0

1. Den Backofen vorheizen. Ober-/Unterhitze: etwa 180 °C, Heißluft: etwa 160 °C.

2. Für den Teig Eier in einer Rührschüssel mit Handrührgerät mit Rührbesen auf höchster Stufe in 1 Minute schaumig schlagen. Zucker mit Vanillin-Zucker mischen, in 1 Minute unter Rühren einstreuen, dann noch etwa 2 Minuten schlagen.

3. Mehl mit Backpulver und Pudding-Pulver mischen, kurz auf niedrigster Stufe unterrühren. Den Teig in eine Springform (Ø 26 cm, mit Backpapier belegt) geben und glatt streichen. Die Form auf dem Rost in den vorgeheizten Backofen (unteres Drittel) schieben. Den Biskuitboden etwa 25 Minuten backen.

4. Den Biskuitboden aus der Form lösen und auf einen mit Backpapier belegten Kuchenrost stürzen. Mitgebackenes Backpapier abziehen. Den Biskuitboden erkalten lassen.

5. Für die Füllung und den Belag Schokolade in Stücke brechen, mit Sahne und Butter in einem kleinen Topf im heißen Wasserbad bei schwacher Hitze unter Rühren schmelzen. Den Topf aus dem Wasserbad nehmen.

6. Den Biskuitboden einmal waagerecht durchschneiden. Den unteren Biskuitboden auf eine Tortenplatte legen. Ein Drittel der Schokoladenmasse daraufstreichen. Bananen schälen und in etwa 2 cm dicke Scheiben schneiden. Bananenscheiben mit Zitronensaft bestreichen und auf den mit Schokolade bestrichenen Tortenboden legen. Die Hälfte der restlichen Schokoladenmasse darauf verteilen. Tortenboden etwa 15 Minuten kalt stellen.

7. Gelatine in kaltem Wasser nach Packungsanleitung einweichen. Sahne mit Vanillin-Zucker steif schlagen. Eingeweichte Gelatine ausdrücken, in einem kleinen Topf unter Rühren erwärmen (nicht kochen), bis sie völlig gelöst ist, leicht abkühlen lassen. Gelatine zuerst mit 2–3 Esslöffeln der Sahne verrühren, dann unter die restliche Sahne rühren. Gut die Hälfte der Sahne auf den mit Bananenscheiben belegten Tortenboden geben und glatt streichen. Den oberen Tortenboden darauflegen und leicht andrücken.

8. Restliche Sahne auf die Tortenoberfläche geben und wellenartig verstreichen. Restliche Schokoladenmasse evtl. nochmals kurz erwärmen und mithilfe eines Teelöffels kleine Häufchen auf die Sahne geben. Die Schokoladenmasse mit dem Löffelstiel so durch die Sahne ziehen, dass ein Marmormuster entsteht. Die Torte etwa 2 Stunden in den Kühlschrank stellen.

9. Die Torte nach Belieben vor dem Servieren mit Kakao bestäuben.

Edle-Tropfen-in-Nuss-Torte

16 Stücke

Für den Biskuitteig:
30 g Butter oder Margarine
4 Eier (Größe M)
100 g Zucker
1 Pck. Dr. Oetker Vanillin-Zucker
100 g Weizenmehl
25 g Speisestärke
1 gestr. TL Dr. Oetker Backin
25 g fein gemahlene Pistazienkerne

2 Gläser Himbeeren
(Abtropfgewicht je 120 g)

Für die Füllung:
500 g Schlagsahne
250 g (20 Stück) Edle Tropfen in Nuss
1 Pck. ungezuckerter Tortenguss, klar
250 ml (¼ l) Himbeersaft
(von den Himbeeren)
1 TL Zucker
2 Pck. Dr. Oetker Sahnesteif
1 Pck. Dr. Oetker Vanillin-Zucker

etwa 25 g fein gehackte Pistazienkerne oder
etwa 40 g gehobelte Haselnusskerne
evtl. einige Haselnusskerne

Zubereitungszeit: 60 Minuten, ohne Kühlzeit
Backzeit: etwa 20 Minuten

Begeistert Gäste – mit Alkohol

Pro Stück:
E: 5 g, F: 18 g, Kh: 29 g,
kJ: 1283, kcal: 307, BE: 2,5

1. Den Backofen vorheizen. Ober-/Unterhitze: etwa 180 °C, Heißluft: etwa 160 °C.

2. Für den Teig Butter oder Margarine zerlassen und abkühlen lassen. Eier in einer Rührschüssel mit Handrührgerät mit Rührbesen auf höchster Stufe in 1 Minute schaumig schlagen. Zucker mit Vanillin-Zucker mischen, in 1 Minute unter Rühren einstreuen, dann noch etwa 2 Minuten schlagen. Mehl mit Speisestärke und Backpulver mischen, kurz auf niedrigster Stufe unterrühren. Pistazienkerne und Butter oder Margarine unterheben.

3. Den Teig in eine Springform (Ø 26 cm, gefettet, mit Backpapier belegt) geben und glatt streichen. Die Form auf dem Rost in den vorgeheizten Backofen schieben. Den Biskuitboden etwa 20 Minuten backen.

4. Den Biskuitboden aus der Form lösen und auf einem Kuchenrost erkalten lassen. Boden einmal waagerecht durchschneiden. Den unteren Boden auf eine Tortenplatte legen. Mitgebackenes Backpapier entfernen.

5. Himbeeren in einem Sieb abtropfen lassen, den Saft auffangen und 250 ml (¼ l) abmessen.

6. Für die Füllung 50 g von der Sahne in einem Topf zum Kochen bringen. 12 Pralinen hinzugeben und bei schwacher Hitze unter Rühren schmelzen. Pralinenmasse erkalten lassen und kalt stellen.

7. Himbeeren (einige Himbeeren zum Garnieren beiseitelegen) auf dem unteren Boden verteilen, dabei einen etwa 1 cm breiten Rand frei lassen. Aus Tortengusspulver, Saft und nur 1 Teelöffel Zucker einen Guss nach Packungsanleitung zubereiten. Den Guss vorsichtig auf den Himbeeren verteilen, erkalten lassen.

8. Von der restlichen Sahne 250 g abmessen und mit 1 Päckchen Sahnesteif steif schlagen. Pralinenmasse vorsichtig unterheben. Zwei Drittel der Pralinensahne auf den Himbeeren verteilen und glatt streichen. Den oberen Boden darauflegen. Restliche Pralinensahne in einen Spritzbeutel mit Lochtülle (Ø 10 mm) geben und kalt legen.

9. Restliche Sahne (200 g) mit 1 Päckchen Sahnesteif und Vanillin-Zucker steif schlagen. Tortenoberfläche und -rand mit knapp einem Viertel der Sahne bestreichen. Restliche Sahne in einen Spritzbeutel mit Sterntülle (Ø 10 mm) füllen. Die Tortenoberfläche damit verzieren.

10. Den Tortenrand mit Pistazien- oder Haselnusskernen bestreuen. Beiseitegelegte Pralinensahne dekorativ auf die Tortenoberfläche spritzen. Mit beiseitegelegten Himbeeren, restlichen Pralinen und nach Belieben mit Haselnusskernen garnieren. Die Torte etwa 3 Stunden in den Kühlschrank stellen.

Tipp: Statt Himbeeren aus dem Glas können Sie auch 300 g TK-Himbeeren verwenden. Die aufgetauten Himbeeren in einem Sieb gut abtropfen lassen und mit etwa 50 g Zucker süßen. Dann für den Guss einen Fruchtsaft, z. B. Apfelsaft verwenden.

Café-frappé-Torte

12 Stücke

Für den Tortenboden:
3 Pck. (je 75 g) längliche Eiswaffeln
125 g Butter

Für den Belag:
8 Blatt weiße Gelatine
140 g Zucker
6 Pck. (je 2 g) lösliches Kaffeepulver
400 ml kochendes Wasser
400 g Schlagsahne
1 Pck. Dr. Oetker Sahnesteif
1 TL Zucker

Zum Verzieren:
125 g Schlagsahne
1 Pck. Dr. Oetker Sahnesteif

evtl. zum Bestreuen:
2 EL schokolierte Espressobohnen, grob gehackt

etwas Kaffeepulver

Zubereitungszeit: 35 Minuten, ohne Kühlzeit

Einfach

Pro Stück:
E: 3 g, F: 26 g, Kh: 29 g,
kJ: 1530, kcal: 366, BE: 2,5

1. Für den Boden Eiswaffeln (5 Waffeln zum Garnieren beiseitelegen) in einem Blitzhacker zerbröseln und in eine Rührschüssel geben. Butter zerlassen, zu den Waffelbröseln geben und gut verrühren.

2. Einen Tortenring (Ø 23 cm) auf eine mit Backpapier oder Tortenspitze belegte Tortenplatte stellen. Die Bröselmasse hineingeben und mit einem Löffel gleichmäßig zu einem Boden andrücken. Tortenboden in den Kühlschrank stellen.

3. Für den Belag Gelatine in kaltem Wasser nach Packungsanleitung einweichen. Zucker und Kaffeepulver in eine Rührschüssel geben. Kochendes Wasser hinzugießen und so lange rühren, bis Zucker und Kaffeepulver sich gelöst haben. Gelatine leicht ausdrücken und in der Kaffeeflüssigkeit unter Rühren auflösen, abkühlen lassen und in den Kühlschrank stellen.

4. Sahne mit Sahnesteif und Zucker steif schlagen. Wenn die Kaffeeflüssigkeit anfängt zu gelieren, ein Drittel der Sahne unterheben. Gut ein Drittel der Kaffeesahne auf den Waffelboden geben und glatt streichen. Restliche Sahne unter die restliche Kaffeesahne heben, ebenfalls vorsichtig in die Form auf die dunklere Kaffeesahne, geben und leicht kuppelartig verstreichen. Die Torte etwa 2 Stunden in den Kühlschrank stellen.

5. Den Tortenring lösen und entfernen. Zum Verzieren Sahne mit Sahnesteif steif schlagen. Die Tortenoberfläche damit verzieren. Beiseitegelegte Eiswaffeln evtl. halbieren und dekorativ auf die Torte legen. Nach Belieben mit den gehackten Espressobohnen bestreuen und mit Kaffeepulver bestäuben.

Tipps: Statt lösliches Kaffeepulver 400 ml Espresso-Kaffee verwenden. Unter den Kaffee 2 Esslöffel Kaffee- oder Sahnelikör rühren.

Sanddorn-Frucht-Torte

16 Stücke

Für den Biskuitteig:
2 Eier (Größe M)
125 g Zucker
1 Pck. Dr. Oetker Vanillin-Zucker
200 g Weizenmehl
2 gestr. TL Dr. Oetker Backin
75 ml Speiseöl
75 ml Mineralwasser mit Kohlensäure

Für die Füllung:
8 Blatt weiße Gelatine
500 ml (½ l) Kefir
100 g Zucker
125 ml (⅛ l) Sanddornsaft (pur, 100 % Direktsaft mit Fruchtmark)
Schale und Saft von ½ Bio-Zitrone (unbehandelt, ungewachst)
400 g Schlagsahne

Zum Bestreichen:
2 EL Aprikosenkonfitüre

Für den Guss und Belag:
2 Blatt weiße Gelatine
50 g Zucker
1 EL Zitronensaft (von der restlichen ½ Zitrone)
50 ml Sanddornsaft (pur, 100 % Direktsaft mit Fruchtmark)
1 Banane
2 Orangen

Zubereitungszeit: 45 Minuten, ohne Kühlzeit
Backzeit: 20–25 Minuten

Fruchtig

Pro Stück:
E: 5 g, F: 15 g, Kh: 35 g, kJ: 1251, kcal: 299, BE: 3,0

1. Den Backofen vorheizen. Ober-/Unterhitze: etwa 180 °C, Heißluft: etwa 160 °C.

2. Für den Teig Eier in einer Rührschüssel mit Handrührgerät mit Rührbesen auf höchster Stufe in 1 Minute schaumig schlagen. Zucker mit Vanillin-Zucker mischen, in 1 Minute unter Rühren einstreuen, dann noch etwa 2 Minuten schlagen.

3. Mehl mit Backpulver mischen, kurz auf niedrigster Stufe unterrühren. Nacheinander Speiseöl und Mineralwasser kurz unterrühren. Den Teig in eine Springform (Ø 28 cm, gefettet) geben und glatt streichen. Die Form auf dem Rost in den vorgeheizten Backofen (unteres Drittel) schieben. Den Biskuitboden 20–25 Minuten backen.

4. Den Biskuitboden aus der Form lösen und auf einem mit Backpapier belegten Kuchenrost erkalten lassen.

5. Für die Füllung Gelatine in kaltem Wasser nach Packungsanleitung einweichen. Kefir mit Zucker, Sanddornsaft, Zitronenschale und -saft verrühren. Eingeweichte Gelatine leicht ausdrücken, in einem kleinen Topf unter Rühren erwärmen (nicht kochen), bis sie völlig gelöst ist.

6. Gelatine zuerst mit 3–4 Esslöffeln der Kefirmasse verrühren, dann unter die restliche Kefirmasse rühren. Sahne steif schlagen. Wenn die Kefirmasse anfängt dicklich zu werden, Sahne unterheben.

7. Den Biskuitboden einmal waagrecht durchschneiden. Den unteren Biskuitboden auf eine Tortenplatte legen und mit Konfitüre bestreichen. Einen Tortenring darumstellen. Etwa zwei Drittel der Kefir-Sanddorn-Creme auf den Biskuitboden geben und glatt streichen. Den oberen Biskuitboden darauflegen.

8. Restliche Kefir-Sanddorn-Creme darauf verteilen und glatt streichen. Die Torte etwa 2 Stunden in den Kühlschrank stellen.

9. Für den Guss Gelatine in kaltem Wasser nach Packungsanleitung einweichen. Zucker und Zitronensaft in einem kleinen Topf erwärmen, sodass der Zucker vollständig gelöst ist. Sanddornsaft hinzugeben und miterwärmen. Eingeweichte Gelatine leicht ausdrücken, zu der Saftflüssigkeit geben und unter Rühren vollständig auflösen, etwas abkühlen lassen. Der Guss muss flüssig bleiben.

10. Für den Belag Banane schälen und in dünne Scheiben schneiden. Orangen so schälen, dass die weiße Haut vollständig entfernt wird. Orangen filetieren. Bananenscheiben und Orangenfilets auf die Tortenoberfläche legen. Den Guss nach und nach darauf verteilen. Die Torte evtl. zwischendurch kurz kalt stellen. Wenn der Guss aufgebraucht ist, die Torte nochmals etwa 1 Stunde in den Kühlschrank stellen. Den Tortenring lösen und entfernen.

Tipp: Zum Bestreichen statt Aprikosenkonfitüre Orangenmarmelade verwenden. Bananen oder Orangen können durch 1 Mangofrucht, geschält und in Spalten geschnitten, ausgetauscht werden.

Mohn-Preiselbeer-Torte

16 Stücke

Für den Knetteig:
120 g Weizenmehl
30 g Zucker
80 g weiche Butter oder Margarine

Für den Biskuitteig:
5 Eier (Größe M)
150 g Zucker
1 Pck. Dr. Oetker Vanillin-Zucker
1 TL Dr. Oetker Finesse Geriebene Zitronenschale
130 g Weizenmehl
2 gestr. TL Dr. Oetker Backin
100 g gemahlene Mohnsamen

1 Glas Preiselbeeren (Abtropfgewicht 390 g)

Für die Füllung:
4 Blatt weiße Gelatine
500 g Schlagsahne
2 EL Zitronensaft
1 Pck. Dr. Oetker Vanillin-Zucker
1 TL Zucker

Für den Rand:
etwa 20 g gemahlene Mohnsamen

Für den Belag:
125 g Marzipan-Rohmasse
20 g Puderzucker

Zum Bestreichen:
1 EL Aprikosen-Fruchtaufstrich

Zubereitungszeit: 50 Minuten, ohne Kühlzeit
Backzeit: Knetteigboden 10–15 Minuten
Backzeit: Biskuitboden 20–25 Minuten

Edel – etwas aufwendiger

Pro Stück:
E: 7 g, F: 22 g, Kh: 35 g, kJ: 1558, kcal: 372, BE: 3,0

1. Für den Knetteig Mehl in eine Rührschüssel geben. Zucker und Butter oder Margarine hinzufügen. Die Zutaten mit Handrührgerät mit Rührbesen zunächst kurz auf niedrigster, dann auf höchster Stufe zu einem glatten Teig verarbeiten. Den Teig in Frischhaltefolie gewickelt etwa 30 Minuten kalt stellen.

2. In der Zwischenzeit den Backofen vorheizen. Ober-/Unterhitze: etwa 180 °C, Heißluft: etwa 160 °C.

3. Den Teig auf dem Boden einer Springform (Ø 26 cm, gefettet) ausrollen. Einen Springformrand darumstellen. Die Form auf dem Rost in den vorgeheizten Backofen (unteres Drittel) schieben. Den Knetteigboden 10–15 Minuten backen.

4. Die Form auf einen Kuchenrost stellen. Den Boden sofort vom Springformboden lösen, aber darauf erkalten lassen.

5. Für den Biskuitteig aus den angegebenen Zutaten wie auf Seite 45 beschrieben einen Biskuitteig zubereiten. Zuletzt Mohnsamen unterheben. Den Teig in eine Springform (Ø 26 cm, mit Backpapier belegt) geben und glatt streichen. Die Form auf dem Rost in den vorgeheizten Backofen (unteres Drittel) schieben. Den Biskuitboden 20–25 Minuten backen.

6. Den Biskuitboden aus der Form lösen und auf einen mit Backpapier belegten Kuchenrost stürzen, mitgebackenes Backpapier abziehen. Biskuitboden erkalten lassen und zweimal waagerecht durchschneiden.

7. Den Knetteigboden auf eine Tortenplatte legen und mit 2 Esslöffeln der Preiselbeeren bestreichen. Den unteren Biskuitboden darauflegen, leicht andrücken.

8. Für die Füllung Gelatine in kaltem Wasser nach Packungsanleitung einweichen. Gelatine leicht ausdrücken und in einem kleinen Topf unter Rühren erwärmen (nicht kochen), bis sie völlig gelöst ist.

9. Sahne steif schlagen. Aufgelöste Gelatine, Zitronensaft, Vanillin-Zucker und Zucker unterrühren. Etwa 7 Esslöffel der Sahnemasse in einen Spritzbeutel mit Sterntülle (Ø 10 mm) füllen. Die restlichen Preiselbeeren (1 Esslöffel zum Garnieren beiseitelegen) unter die Sahne heben. Die Hälfte der Preiselbeersahne auf den unteren Biskuitboden geben, glatt streichen und mit dem zweiten Biskuitboden belegen.

10. Restliche Preiselbeersahne daraufgeben, glatt streichen und den letzten Biskuitboden darauflegen. Den Tortenrand mit einem Teil der Sahne aus dem Spritzbeutel bestreichen und mit Mohnsamen bestreuen.

11. Für den Belag Marzipan in Stücke schneiden, mit Puderzucker verkneten und zu einer runden Platte (Ø etwa 25 cm) ausrollen. Den oberen Biskuitboden mit dem Fruchtaufstrich bestreichen, Marzipanplatte darauflegen, leicht andrücken. Den oberen Tortenrand mit der restlichen Sahne aus dem Spritzbeutel verzieren und den beiseitegelegten Preiselbeeren garnieren. Nach Belieben die Sahnetuffs mit Mohnsamen bestreuen. Die Torte etwa 2 Stunden in den Kühlschrank stellen.

Tipp: Die Torte kurz vor dem Servieren mit Puderzucker bestäuben.

Smoothietorte

12 Stücke

Für den All-in-Teig:
100 g Weizenmehl
2 gestr. TL Dr. Oetker Backin
1 Pck. Dr. Oetker Pudding-Pulver Vanille-Geschmack
100 g Zucker
3 Eier (Größe M)
75 ml Speiseöl, z. B. Sonnenblumenöl

Für den Belag (1. Schicht):
4 Blatt weiße Gelatine
250 ml (¼ l) Brombeer-Erdbeer-Boysenbeere-Smoothie (Fruchtgetränk) oder z. B. Beerenmix (Himbeer, Heidelbeer, Brombeer, Johannisbeer)
75 g Zucker
200 g Schmand (Sauerrahm, 24 % Fett)
etwa ½ reife Mango (Fruchtfleisch etwa 100 g)

2. Schicht:
4 Blatt weiße Gelatine
250 ml (¼ l) Mango-Maracuja-Smoothie (Fruchtgetränk)
60 g Zucker
200 g Schmand (24 % Fett, Sauerrahm)

Zubereitungszeit: 40 Minuten, ohne Kühlzeit
Backzeit: etwa 20 Minuten

Raffiniert

Pro Stück:
E: 5 g, F: 16 g, Kh: 37 g, kJ: 1311, kcal: 313, BE: 3,0

1. Den Backofen vorheizen. Ober-/Unterhitze: etwa 180 °C, Heißluft: etwa 160 °C.

2. Für den Teig Mehl mit Backpulver und Pudding-Pulver mischen, in eine Rührschüssel geben. Zucker, Eier und Speiseöl hinzufügen. Die Zutaten mit Handrührgerät mit Rührbesen zunächst kurz auf niedrigster, dann auf höchster Stufe in etwa 2 Minuten zu einem glatten Teig verarbeiten.

3. Den Teig in eine Springform (Ø 26 cm, gefettet) geben und glatt streichen. Die Form auf dem Rost in den vorgeheizten Backofen schieben. Den Tortenboden etwa 20 Minuten backen.

4. Den Tortenboden aus der Form lösen und auf einen mit Backpapier belegten Kuchenrost legen. Tortenboden erkalten lassen. Anschließend von dem Boden eine dünne Kuppe abschneiden, dabei einen etwa 2 cm breiten Rand stehen lassen. Gebäckkuppe fein zerbröseln und beiseitestellen. Den Tortenboden auf eine Tortenplatte legen. Einen Tortenring darumstellen.

5. Für den Belag (1. Schicht) Gelatine in kaltem Wasser nach Packungsanleitung einweichen. Gelatine leicht ausdrücken und in einem kleinen Topf bei schwacher Hitze unter Rühren erwärmen (nicht kochen), bis sie völlig gelöst ist. Beeren-Smoothie mit Zucker und Schmand verrühren. Gelatine zuerst mit 2–3 Esslöffeln der Smoothie-Schmand-Masse verrühren, dann unter die restliche Smoothie-Schmand-Masse rühren. Kalt stellen.

6. Wenn die Smoothie-Schmand-Masse anfängt zu gelieren, auf den Tortenboden geben und glatt streichen. Die Torte in den Kühlschrank stellen.

7. Für den Belag Mangohälfte schälen und in kleine Würfel schneiden.

8. Für die 2. Schicht Gelatine wie unter Punkt 5 beschrieben einweichen und auflösen. Maracuja-Fruchtgetränk mit Zucker und gut der Hälfte des Schmands verrühren. Gelatine wie zuvor beschrieben unterrühren und kalt stellen. Wenn die Masse anfängt zu gelieren, auf die Beerenmasse geben. Die Mangowürfel sofort in kleinen Häufchen auf der Tortenoberfläche verteilen, dabei leicht in die Masse drücken.

9. Restlichen Schmand in einen kleinen Gefrierbeutel füllen und eine kleine Ecke abschneiden. Kleine Tuffs in die Maracujamasse spritzen. Die Torte etwa 3 Stunden in den Kühlschrank stellen.

10. Die beiseitegelegten Gebäckbrösel nach Belieben in einer Pfanne ohne Fett unter Rühren leicht bräunen, herausnehmen und auf einem Teller erkalten lassen.

11. Den Tortenring lösen und entfernen. Die Gebäckbrösel auf den oberen Gebäckrand streuen. Die Torte sofort servieren.

Tipp: Die gebräunten Gebäckbrösel separat zu der Torte reichen.

Ministertorte

16 Stücke

Für den Teig I:
150 g weiche Butter oder Margarine
100 g Zucker
1 Pck. Dr. Oetker Vanillin-Zucker
abgeriebene Schale von ½ Bio-Orange (unbehandelt, ungewachst)
1 Ei (Größe M)
3 Eigelb (Größe M)
125 g Weizenmehl
2 gestr. TL Dr. Oetker Backin
3 Eiweiß (Größe M)
1 Prise Salz
100 g abgezogene, gemahlene Mandeln

Für den Teig II:
100 g geriebene Zartbitter-Schokolade (mindestens 50 % Kakaoanteil)
½ TL gemahlener Zimt

Für die Füllung:
2–3 Orangen
100 g Quittengelee
1 Pck. ungezuckerter Tortenguss, klar
25 g Zucker
100 ml Orangensaft

Für den Guss:
50 g weiße Schokolade
½ TL Speiseöl
100 g Zartbitter-Schokolade (50 % Kakaoanteil)
1 TL Speiseöl

Zubereitungszeit: 40 Minuten, ohne Abkühlzeit
Backzeit: 15–20 Minuten je Boden

Begeistert Gäste

Pro Stück:
E: 5 g, F: 19 g, Kh: 28 g, kJ: 1263, kcal: 302, BE: 2,5

1. Den Backofen vorheizen. Ober-/Unterhitze: etwa 180 °C, Heißluft: etwa 160 °C.

2. Für den Teig 1 Butter oder Margarine in einer Rührschüssel mit Handrührgerät mit Rührbesen geschmeidig rühren. Nach und nach Zucker, Vanillin-Zucker und Orangenschale unterrühren. So lange rühren, bis eine gebundene Masse entstanden ist.

3. Ei und Eigelb nach und nach unterrühren (Ei, Eigelb jeweils knapp ½ Minute). Mehl und Backpulver mischen, in 2 Portionen auf mittlerer Stufe unterrühren. Eiweiß mit Salz steif schlagen. Eischnee mit den Mandeln unterheben.

4. Die Hälfte des Teiges in eine Springform (Ø 26 cm, gefettet) geben und glatt streichen. Die Form auf dem Rost in den vorgeheizten Backofen schieben. Den Boden 15–20 Minuten backen.

5. Den Gebäckboden aus der Form lösen und auf einem mit Backpapier belegten Kuchenrost erkalten lassen.

6. Für den Teig 2 geriebene Schokolade und Zimt unter den restlichen Teig rühren. Den Teig in eine Springform (Ø 26 cm, gefettet) oder in die zuvor gesäuberte Springform geben und glatt streichen. Die Form ebenfalls auf dem Rost in den vorgeheizten Backofen schieben. Den Gebäckboden bei gleicher Backofentemperatur 15–20 Minuten backen.

7. Den Schokoladenboden aus der Form lösen und auf einem mit Backpapier belegten Kuchenrost erkalten lassen.

8. Für die Füllung Orangen so schälen, dass die weiße Haut mitentfernt wird. Orangen filetieren und in Stücke schneiden (etwa 250 g).

9. Quittengelee und Orangenstücke in einem kleinen Topf unter Rühren zum Kochen bringen (Gelee muss aufgelöst sein). Tortengusspulver mit Zucker und Orangensaft anrühren. Angerührtes Tortengusspulver in die von der Kochstelle genommene Orangen-Quitten-Masse rühren und unter Rühren nochmals aufkochen lassen.

10. Den hellen Gebäckboden auf eine Tortenplatte legen. Einen Tortenring darumstellen. Die heiße Orangen-Quitten-Masse nach und nach darauf verteilen. Den Schokoladenboden darauflegen und etwas andrücken. Die Torte etwa 1 Stunde in den Kühlschrank stellen. Tortenring mit einem Messer lösen und entfernen.

11. Für den Guss die weiße Schokolade in Stücke brechen, mit Speiseöl in einem kleinen Topf im heißen Wasserbad bei schwacher Hitze unter Rühren schmelzen. Die dunkle Schokolade ebenfalls wie zuvor beschrieben schmelzen.

12. Zuerst die dunkle Schokolade, dann die weiße Schokolade auf die Torte geben und mit einem Spachtel oder Tortenheber so verstreichen, dass ein Marmormuster entsteht. Den Schokoladenguss fest werden lassen.

Tipp: Die Torte kann gut vorbereitet werden. Sie hält sich zugedeckt im Kühlschrank 2–3 Tage frisch.

Birnenmüsli-Torte

12 Stücke

Für den Teig:
120 g Zucker
30 g Butter
100 g Sonnenblumenkerne
100 g kernige Haferflocken

100 g Zartbitter-Schokolade
1 EL Speiseöl

Für den Belag:
1 große Dose Birnenhälften (Abtropfgewicht 460 g)
2 Blatt weiße Gelatine
1 Pck. Dr. Oetker Pudding-Pulver Vanille-Geschmack
300 ml Birnensaft (aus der Dose)
1 TL Zucker
1 EL Zitronensaft

400 g Schlagsahne
2 Pck. Dr. Oetker Sahnesteif
1 Pck. Dr. Oetker Vanillin-Zucker

Zubereitungszeit: 40 Minuten, ohne Kühlzeit

Fruchtig

Pro Stück:
E: 5 g, F: 21 g, Kh: 36 g, kJ: 1483, kcal: 354, BE: 3,0

1. Einen Springformrand (Ø 26 cm) oder Tortenring auf eine mit Tortenspitze oder Backpapier belegte Platte stellen.

2. Für den Teig Zucker und Butter in einer Pfanne schmelzen und leicht bräunen lassen. Sonnenblumenkerne und Haferflocken hinzugeben und unter Rühren mitbräunen lassen.

3. Drei Viertel der Müslimasse sofort in den Tortenring oder Springformrand geben und mit einer Gabel zu einem Boden andrücken. Die restliche Müslimasse auf ein Stück Backpapier geben. Müsliboden und -masse erkalten lassen.

4. Schokolade in Stücke brechen, mit Speiseöl in einem kleinen Topf im heißen Wasserbad bei schwacher Hitze unter Rühren schmelzen. Die Schokolade bis auf 2 Esslöffel mit einem Backpinsel auf den Müsliboden streichen. Schokolade fest werden lassen.

5. Für den Belag Birnenhälften in einem Sieb abtropfen lassen, den Saft auffangen und 300 ml abmessen. 2 Birnenhälften zum Garnieren beiseitelegen. Restliche Birnenhälften in kleine Würfel schneiden.

6. Gelatine in kaltem Wasser nach Packungsanleitung einweichen. Aus Pudding-Pulver, Birnensaft und Zucker einen Pudding nach Packungsanleitung (aber den angegebenen Zutaten) zubereiten. Eingeweichte Gelatine in dem heißen Pudding unter Rühren auflösen. Birnenwürfel und Zitronensaft unterheben. Den Birnenpudding unter gelegentlichem Rühren erkalten lassen, auf den Müsliboden geben und glatt streichen.

7. Sahne mit Sahnesteif und Vanillin-Zucker steif schlagen. Die Sahne auf den Birnenpudding geben und leicht kuppelartig daraufstreichen. Die Torte etwa 1 Stunde in den Kühlschrank stellen. Tortenring oder Springformrand lösen und entfernen.

8. Die beiseitegelegten Birnenhälften in Spalten schneiden. Die Tortenoberfläche kurz vor dem Servieren mit Birnenspalten und dem restlichen Müsli garnieren. Die restliche aufgelöste Schokoladen evtl. nochmals erwärmen und auf die Torte sprenkeln.

Tipps: Die Torte sofort servieren, sonst löst sich das karamellisierte Müsli. Die Sonnenblumenkerne etwas klein hacken.

Heidelbeer-Mohn-Torte

16 Stücke

Für den Biskuitteig:
3 Eier (Größe M)
150 g Zucker
1 Pck. Dr. Oetker Vanillin-Zucker
100 g Weizenmehl
2 gestr. TL Dr. Oetker Backin
100 g gemahlene Mohnsamen

Für die Füllung:
8 Blatt weiße Gelatine
300 g frische Heidelbeeren (Blaubeeren)
250 ml (¼ l) Buttermilch
100 g Zucker
etwa 2 EL Zitronensaft
400 g Schlagsahne

Zum Bestreichen:
3 EL Aprikosen-Fruchtaufstrich, fein passiert

Für den Belag:
150 g frische Heidelbeeren (Blaubeeren)

Für den Guss:
1 Pck. ungezuckerter Tortenguss, rot
1 EL Zucker
125 ml (⅛ l) Apfelsaft
125 ml (⅛ l) Wasser

Für den Rand:
200 g Schlagsahne
1 Pck. Dr. Oetker Sahnesteif
1 Pck. Dr. Oetker Vanillin-Zucker

Zubereitungszeit: 50 Minuten, ohne Kühlzeit
Backzeit: 25–30 Minuten

Edel – für Gäste

Pro Stück:
E: 5 g, F: 16 g, Kh: 32 g,
kJ: 1233, kcal: 295, BE: 2,5

1. Den Backofen vorheizen. Ober-/Unterhitze: etwa 180 °C, Heißluft: etwa 160 °C.

2. Für den Teig Eier in einer Rührschüssel mit Handrührgerät mit Rührbesen auf höchster Stufe in 1 Minute schaumig schlagen. Zucker mit Vanillin-Zucker mischen, in einer Minute unter Rühren einstreuen, dann noch etwa 2 Minuten schlagen.

3. Mehl mit Backpulver mischen und kurz auf niedrigster Stufe unterrühren. Mohn unterheben. Den Teig in eine Springform (Ø 26 cm, mit Backpapier belegt) geben und glatt streichen. Die Form auf dem Rost in den vorgeheizten Backofen (unteres Drittel) schieben. Den Biskuitboden 25–30 Minuten backen.

4. Den Biskuitboden aus der Form lösen und auf einen mit Backpapier belegten Kuchenrost stürzen. Biskuitboden erkalten lassen.

5. Für die Füllung Gelatine in kaltem Wasser nach Packungsanleitung einweichen. Heidelbeeren abspülen, gut abtropfen lassen und fein pürieren. Buttermilch mit Zucker und Zitronensaft verrühren. Heidelbeerpüree unterrühren.

6. Eingeweichte Gelatine leicht ausdrücken und in einem kleinen Topf unter Rühren erwärmen (nicht kochen), bis sie völlig gelöst ist. Gelatine zuerst mit 3–4 Esslöffeln der Heidelbeer-Buttermilch-Masse verrühren, dann unter die restliche Heidelbeer-Buttermilch-Masse rühren.

7. Sahne steif schlagen. Sobald die Heidelbeer-Buttermilch-Masse anfängt dicklich zu werden, Sahne unterheben.

8. Den Tortenboden einmal waagerecht durchschneiden und mit dem Fruchtaufstrich bestreichen. Einen Tortenring darumstellen. Zwei Drittel der Heidelbeer-Buttermilch-Creme auf den Tortenboden geben, glatt streichen und mit dem oberen Tortenboden belegen, leicht andrücken.

9. Restliche Heidelbeer-Buttermilch-Creme daraufgeben und glatt streichen. Die Torte etwa 3 Stunden in den Kühlschrank stellen.

10. Für den Belag Heidelbeeren abspülen, gut abtropfen lassen und die Mitte der Tortenoberfläche damit belegen.

11. Für den Guss aus Tortengusspulver, Zucker, Apfelsaft und Wasser einen Guss nach Packungsanleitung zubereiten. Den Guss von der Mitte aus auf den Heidelbeeren und der Tortenoberfläche verteilen. Die Torte etwa 30 Minuten kalt stellen. Den Tortenring lösen und entfernen.

12. Für den Rand Sahne mit Sahnesteif und Vanillin-Zucker steif schlagen. Die Sahne in einen Spritzbeutel mit Lochtülle (Ø etwa 10 mm) füllen. Den Tortenrand damit verzieren.

Tipps: Nach Belieben den Tortenrand mit Sahne bestreichen und mit einem Tortengarnierkamm verzieren. Statt Apfelsaft und Wasser nur Apfelsaft verwenden.

a
b

New York Cheesecake

16 Stücke

Für den Boden:
130 g Butterkekse
80 g Butter

Für die Cheesecakefüllung:
800 g Doppelrahm-Frischkäse
150 g Zucker
1 Pck. Dr. Oetker Finesse Geriebene Zitronenschale
4 Eier (Größe M)
150 g Schlagsahne
2 gestr. EL Gala Pudding-Pulver Bourbon-Vanille

Für den Guss:
250 g Schmand (Sauerrahm, 24 %)
30 g Puderzucker

Zubereitungszeit: 40 Minuten, ohne Kühlzeit
Backzeit: etwa 55 Minuten

Klassisch – einfach

Pro Stück:
E: 9 g, F: 30 g, Kh: 20 g, kJ: 1599, kcal: 382, BE: 1,5

1. Für den Boden Butterkekse in einen Gefrierbeutel geben. Den Beutel fest verschließen. Kekse mit einer Teigrolle fein zerbröseln. Butter in einem Topf zerlassen. Die Keksbrösel hinzufügen und gut verrühren. Die Masse in eine Springform (Ø 24 cm, Rand gefettet, mit Backpapier ausgelegt) geben (Abbildung a). Die Keksbrösel mit der Rückseite eines Esslöffels 1–2 cm hoch an den Springformrand drücken und anschließend den Boden fest andrücken (Abbildung b). Die Form mindestens 10 Minuten in den Kühlschrank stellen.

2. Für die Füllung Frischkäse, Zucker und Zitronenschale in einer Rührschüssel mit Handrührgerät mit Rührbesen auf mittlerer Stufe glatt rühren. Nach und nach Eier kurz unterrühren.

3. Den Backofen vorheizen. Ober-/Unterhitze: etwa 180 °C, Heißluft: etwa 160 °C.

4. Sahne mit Pudding-Pulver steif schlagen und mit einem Schneebesen unter die Frischkäsemasse heben. Die Creme auf den Bröselboden geben und glatt streichen. Die Form auf dem Rost in den vorgeheizten Backofen (unteres Drittel) schieben. Den Cheesecake etwa 45 Minuten backen.

5. Die Form auf einen Kuchenrost stellen. Den Cheesecake etwa 10 Minuten abkühlen lassen.

6. Für den Guss Schmand mit Puderzucker glatt rühren. Die Schmandmasse mit einem Esslöffel vorsichtig auf dem warmen Cheesecake verstreichen. Die Form wieder auf dem Rost in den heißen Backofen (unteres Drittel) schieben. Cheesecake weitere etwa 10 Minuten bei gleicher Backofentemperatur backen.

7. Die Form auf einen Kuchenrost stellen. Den Cheesecake in der Form vollständig erkalten lassen. Cheesecake aus der Form lösen, auf eine Platte setzen und mindestens 4 Stunden in den Kühlschrank stellen.

Tipp: Die Springform sollte mindestens 7 cm hoch sein. Ist sie es nicht, kann man einen Streifen aus Backpapier etwa 8 cm hoch doppelt falten und in der Springform mit etwas Fett an den Springformrand kleben.

Papaya-Weintrauben-Torte

12 Stücke

Für den Belag:
1 große, halbe Papaya (etwa 600 g)
200 g blaue, kernlose Weintrauben
8 Blatt weiße Gelatine
200 ml klarer Apfelsaft
75 g flüssiger Honig

Für den Tortenboden:
225 g Hafer-Mürbekekse
100 g Butter

Für die Creme:
4 Blatt weiße Gelatine
500 g Vanillejoghurt
2 EL flüssiger Honig
250 g Schlagsahne

Zubereitungszeit: 50 Minuten, ohne Kühlzeit

Einfach lecker

Pro Stück:
E: 6 g, F: 20 g, Kh: 29 g,
kJ: 1332, kcal: 318, BE: 2,5

1. Für den Belag Papayahälfte entkernen und schälen. Von dem Fruchtfleisch 400 g abwiegen und in etwa ½ cm dicke Scheiben schneiden. Weintrauben abspülen und gut trocken tupfen. Gelatine in kaltem Wasser nach Packungsanleitung einweichen.

2. Apfelsaft mit Honig in einem Topf zum Kochen bringen. Papayascheiben und Weintrauben hinzugeben, etwa 1 Minuten bei schwacher Hitze unter vorsichtigem Rühren dünsten. Den Topf von der Kochstelle nehmen. Gelatine leicht ausdrücken und in der Fruchtmasse unter vorsichtigem Rühren auflösen. Die Fruchtmasse abkühlen lassen und kalt stellen.

3. Für den Boden Kekse in einen Gefrierbeutel geben. Beutel verschließen. Kekse mit einer Teigrolle fein zerbröseln und in eine Rührschüssel geben. Butter zerlassen, zu den Bröseln geben und gut verrühren.

4. Einen Springformrand oder einen Tortenring (Ø 26 cm) auf eine mit Tortenspitze oder Backpapier belegte Tortenplatte stellen. Die Bröselmasse gleichmäßig darin verteilen und mit einem Löffel gut zu einem Boden andrücken. Tortenboden kalt stellen.

5. Für die Creme Gelatine in kaltem Wasser nach Packungsanleitung einweichen. Joghurt mit Honig verrühren. Sahne steif schlagen. Gelatine in einem kleinen Topf bei schwacher Hitze unter Rühren erwärmen (nicht kochen), bis sie völlig gelöst ist. Gelatine zunächst mit 2–3 Esslöffeln des Joghurts verrühren, dann mit dem restlichen Joghurt verrühren. Sahne unterheben.

6. Die Joghurt-Sahne-Creme auf den Bröselboden geben und glatt streichen. Wenn die Papaya-Weintrauben-Masse anfängt zu gelieren, auf die Joghurt-Sahne-Creme geben und leicht eindrücken. Die Torte etwa 3 Stunden in den Kühlschrank stellen. Springformrand oder Tortenring lösen und entfernen.

Tipps: Den Tortenrand nach Belieben mit Vollkornkeksbröseln bestreuen. Statt blaue Weintrauben können auch grüne, kernlose Weintrauben verwendet werden.

Buchweizen-Holunder-Torte

16 Stücke

Für den Biskuitteig:
4 Eier (Größe M)
175 g Zucker
1 Pck. Dr. Oetker Vanillin-Zucker
200 g Buchweizenmehl
2 gestr. TL Dr. Oetker Backin
100 ml Speiseöl

Für die Füllung:
6 Blatt weiße Gelatine
500 ml (½ l) Holundersaft (Handelsware)
100 g Zucker
1 Pck. Dr. Oetker Pudding-Pulver
Vanille-Geschmack
500 g Schlagsahne
1 Pck. Dr. Oetker Sahnesteif

Zum Bestreichen:
2 EL Himbeerkonfitüre

Für den Rand:
etwa 50 g weiße Schokolade

Zubereitungszeit: 45 Minuten,
ohne Kühlzeit
Backzeit: etwa 30 Minuten

Raffiniert

Pro Stück:
E: 5 g, F: 19 g, Kh: 38 g,
kJ: 1426, kcal: 341, BE: 3,0

1. Den Backofen vorheizen. Ober-/Unterhitze: etwa 180 °C, Heißluft: etwa 160 °C.

2. Für den Teig Eier in einer Rührschüssel mit Handrührgerät mit Rührbesen auf höchster Stufe in 1 Minute schaumig schlagen. Zucker mit Vanillin-Zucker mischen, in 1 Minute einstreuen, dann noch etwa 2 Minuten schlagen.

3. Mehl mit Backpulver mischen. Die Hälfte davon auf die Eiercreme geben und kurz auf niedrigster Stufe unterrühren. Restliches Mehlgemisch auf die gleiche Weise unterarbeiten. Den Teig in eine Springform (Ø 26 cm, mit Backpapier belegt) geben und glatt streichen. Die Form auf dem Rost in den vorgeheizten Backofen (unteres Drittel) schieben. Den Biskuitboden etwa 30 Minuten backen.

4. Den Biskuitboden aus der Form lösen, auf einen mit Backpapier belegten Kuchenrost stürzen und erkalten lassen. Mitgebackenes Backpapier entfernen.

5. Für die Füllung Gelatine in kaltem Wasser nach Packungsanleitung einweichen. Aus Holundersaft, Zucker und Pudding-Pulver einen Pudding nach Packungsanleitung zubereiten. Eingeweichte Gelatine leicht ausdrücken und in dem heißen Pudding unter Rühren auflösen. Den Pudding unter mehrmaligem Rühren erkalten lassen. Sahne mit Sahnesteif steif schlagen. 3 Esslöffel Sahne abnehmen und kalt stellen.

6. Wenn die Puddingmasse anfängt zu gelieren, einen Esslöffel der Puddingmasse abnehmen, in ein Pergamentpapiertütchen (Gefrierbeutel) füllen und beiseitestellen (nicht kalt stellen). Restliche Sahne unter die restliche Puddingmasse heben.

7. Den Biskuitboden zweimal waagerecht durchschneiden. Den unteren Boden auf eine Tortenplatte legen und mit Konfitüre bestreichen. Ein Drittel der Holunderbeer-Sahne-Creme daraufgeben und glatt streichen. Den mittleren Boden darauflegen und mit der Hälfte der restlichen Holunderbeer-Sahne-Creme bestreichen. Mit dem oberen Boden belegen.

8. Tortenrand und -oberfläche mit der restlichen Holunderbeer-Sahne-Creme bestreichen. Die kalt gestellte Sahne als kleine Häufchen auf die Tortenoberfläche setzen. Sahnehäufchen mit dem Holunderbeerpudding aus dem Pergamentpapiertütchen (Gefrierbeutel) verzieren.

9. Für den Rand Schokolade mit einem Sparschäler raspeln. Den Tortenrand damit bestreuen. Torte etwa 2 Stunden in den Kühlschrank stellen.

a

b

Lemongras-Torte

12 Stücke

Zum Vorbereiten:
5 Stangen Lemongras
(etwa 30 g, Zitronengras)
300 g Schlagsahne
75 g Zucker

Für die Streusel:
150 g Butter
200 g Marzipan-Rohmasse
250 g Weizenmehl
70 g Zucker
1 Pck. Dr. Oetker Vanillin-Zucker

Für die Füllung:
2 Pck. Dr. Oetker Sahnesteif
250 g Speisequark (20 % Fett)
2 EL Limettensaft

Zubereitungszeit: 40 Minuten,
ohne Kühlzeit
Backzeit: 38–40 Minuten

Etwas Besonderes

Pro Stück:
E: 7 g, F: 25 g, Kh: 36 g,
kJ: 1696, kcal: 405, BE: 3,0

1. Zum Vorbereiten Lemongras evtl. von den äußeren, harten Stängeln befreien. Enden und Spitzen abschneiden. Stangen abspülen, abtropfen lassen, in etwa 4 cm lange Stücke schneiden (Abbildung a). Sahne mit Zucker und Lemongras-Stücken in einem Topf zum Kochen bringen, etwa 15 Minuten bei schwacher Hitze kochen lassen. Den Topf von der Kochstelle nehmen. Sahnemasse etwa 1 Stunde erkalten lassen.

2. Die Sahnemasse mit den Lemongras-Stücken durch ein Sieb in eine Schüssel gießen (Abbildung b) und zugedeckt 2–3 Stunden in den Kühlschrank stellen.

3. Für die Streusel Butter zerlassen und etwas abkühlen lassen. Marzipan auf einer Haushaltsreibe fein raspeln.

4. Den Backofen vorheizen. Ober-/Unterhitze: etwa 180 °C, Heißluft: etwa 160 °C.

5. Mehl mit Zucker und Vanillin-Zucker in einer Rührschüssel mischen. Butter und Marzipanraspel hinzufügen, mit Handrührgerät mit Rührbesen zu Streuseln von gewünschter Größe verarbeiten. Von den Teigstreuseln etwa 3 Esslöffel abnehmen. Aus den restlichen Streuseln 2 Böden herstellen. Dafür einen Springformrand (Ø 26 cm) auf ein Backblech (mit Backpapier belegt) stellen. Die Hälfte der Streusel in den Springformrand geben, leicht zu einem Boden andrücken. Springformrand vorsichtig entfernen. Die restlichen Streusel auf einem zweiten Backblech wie beschrieben zu einem Boden andrücken. Die Backbleche nacheinander in den vorgeheizten Backofen schieben. Die Böden jeweils etwa 15 Minuten backen.

6. Die einzelnen Böden auf den Backblechen erkalten lassen. Einen Boden mit einem Sägemesser in 12 Stücke teilen.

7. Die abgenommenen Teigstreusel ebenfalls auf ein Backblech (mit Backpapier belegt) legen und etwas zusammendrücken, sodass eine Platte entsteht. Das Backblech in den heißen Backofen schieben. Die Teigplatte bei gleicher Backofentemperatur 8–10 Minuten backen. Die Streuselplatte ebenfalls auf dem Backblech erkalten lassen.

8. Für die Füllung die vorbereitete Lemongras-Sahne mit Handrührgerät mit Rührbesen kurz aufschlagen. Sahnesteif einstreuen. Sahne steif schlagen. Quark und Limettensaft unterrühren.

9. Den ganzen Streuselboden auf eine Tortenplatte legen. Lemongras-Sahne (3 Esslöffel davon abnehmen) auf den Streuselboden geben, glatt streichen und mit den 12 Tortenstücken (Streuselboden) belegen. Abgenommene Sahne in kleinen Häufchen, mithilfe eines Teelöffels, auf den Tortenstücken verteilen. Die Streuselplatte in Stücke brechen, an die Sahnehäufchen legen. Oder die Streuselplatte zerkleinern, auf die Torte streuen. Torte etwa 1 Stunde in den Kühlschrank stellen.

Tipps: Nach Belieben mit Limettenschalenstreifen garnieren und mit Puderzucker bestäuben. Statt Speisequark Ricotta (ital. Frischkäse) verwenden. Zu der Torte eine Erdbeersauce reichen. Dafür 150 g geputzte Erdbeeren mit 20 g Puderzucker pürieren und durch ein Sieb streichen.

Kaiserwinkel-Torte

12 Stücke

Für den Rührteig:
100 g weiche Butter oder Margarine
75 g Zucker
1 Pck. Dr. Oetker Vanillin-Zucker
1 Ei (Größe M)
1 Eigelb (Größe M)
120 g Weizenmehl
1 gestr. TL Dr. Oetker Backin

Für den Belag:
1 Dose Aprikosenhälften (Abtropfgewicht 480 g)
50 g Butter
500 g Speisequark (20 % Fett)
75 g Zucker
2 Eigelb (Größe M)
1 Pck. Dr. Oetker Pudding-Pulver Vanille-Geschmack
3 Eiweiß (Größe M)
1 Prise Salz
1 TL Zucker

Zubereitungszeit: 35 Minuten, ohne Abkühlzeit
Backzeit: etwa 70 Minuten

Saftig – einfach lecker

Pro Stück:
E: 9 g, F: 15 g, Kh: 32 g,
kJ: 1260, kcal: 301, BE: 2,5

1. Den Backofen vorheizen. Ober-/Unterhitze: etwa 180 °C, Heißluft: etwa 160 °C.

2. Für den Teig Butter oder Margarine in einer Rührschüssel mit Handrührgerät mit Rührbesen geschmeidig rühren. Nach und nach Zucker und Vanillin-Zucker unterrühren. So lange rühren, bis eine gebundene Masse entstanden ist.

3. Ei und Eigelb nach und nach unterrühren (jedes Ei/Eigelb etwa ½ Minute). Mehl und Backpulver mischen, auf mittlerer Stufe unter den Teig rühren. Den Teig in eine Springform (Ø 26 cm, gefettet) geben und glatt streichen.

4. Für den Belag Aprikosenhälften in einem Sieb abtropfen lassen. Butter zerlassen und etwas abkühlen lassen.

5. Quark mit Zucker, Eigelb, Butter und Pudding-Pulver verrühren. Eiweiß mit Salz und Zucker steif schlagen und unter die Quarkmasse heben.

6. Die Aprikosenhälften auf den Teig legen, dabei einen etwa 1 cm breiten Rand frei lassen. Die Quarkmasse auf den Aprikosenhälften verteilen und glatt streichen. Die Form auf dem Rost in den vorgeheizten Backofen schieben. Die Torte etwa 70 Minuten backen.

7. Die fertige Torte noch etwa 10 Minuten bei leicht geöffneter Backofentür im ausgeschalteten Backofen stehen lassen.

8. Die Form auf einen Kuchenrost stellen. Die Torte etwa 15 Minuten in der Form stehen lassen, dann aus der Form lösen und auf dem Kuchenrost erkalten lassen.

Tipp: Die Torte nach Belieben mit Puderzucker bestäuben.

Gletscher-Torte

12 Stücke

Für den Rührteig:
120 g weiche Butter oder Margarine
100 g gesiebter Puderzucker
2 Eier (Größe M)
100 g Weizenmehl
1 gestr. TL Dr. Oetker Backin
100 g abgezogene, gemahlene Mandeln
1–2 EL Milch

1. Den Backofen vorheizen. Ober-/Unterhitze: etwa 180 °C, Heißluft: etwa 160 °C.

2. Für den Teig Butter oder Margarine in einer Rührschüssel mit Handrührgerät mit Rührbesen geschmeidig rühren. Nach und nach Puderzucker unterrühren. So lange rühren, bis eine gebundene Masse entstanden ist.

3. Eier nach und nach unterrühren (jedes Ei etwa ½ Minute). Mehl mit Backpulver und Mandeln mischen, abwechselnd in 2 Portionen mit der Milch kurz auf mittlerer Stufe unterrühren. Den Teig in eine Springform (Ø 24 cm, mit Backpapier belegt) geben und glatt streichen. Die Form auf dem Rost in den vorgeheizten Backofen schieben. Den Gebäckboden etwa 20 Minuten backen.

Für den Belag:
500 g Erdbeeren
1 Pck. ungezuckerter Tortenguss, rot
40 g Zucker
250 ml (¼ l) Apfelsaft, klar

Für die Füllung:
3 Blatt weiße Gelatine
500 g griechischer Joghurt
50 g gesiebter Puderzucker
200 g Schlagsahne
1 Pck. Dr. Oetker Sahnesteif
1 Pck. Dr. Oetker Vanillin-Zucker

Für die Blaubeersauce:
125 g Blaubeeren (Heidelbeeren)
20 g gesiebter Puderzucker
½ Pck. Dr. Oetker Sahnesteif

Für die Erdbeersauce:
20 g gesiebter Puderzucker
½ Pck. Dr. Oetker Sahnesteif

Zubereitungszeit: 50 Minuten, ohne Kühlzeit
Backzeit: etwa 20 Minuten

Begeistert Gäste – etwas aufwendiger

Pro Stück:
E: 6 g, F: 24 g, Kh: 36 g, kJ: 1600, kcal: 382, BE: 3,0

4. Den Gebäckboden aus der Form lösen und auf einem Kuchenrost erkalten lassen. Das obere Drittel von dem Gebäckboden waagerecht abschneiden. Den unteren Boden auf eine Tortenplatte legen.

5. Für den Belag Erdbeeren putzen, abspülen, gut abtropfen lassen und entstielen. 125 g der Erdbeeren abnehmen und für die Erdbeersauce beiseitestellen. Restliche Erdbeeren vierteln. Aus Tortengusspulver, Zucker und Apfelsaft einen Guss nach Packungsanleitung zubereiten. Erdbeerviertel vorsichtig unterrühren.
Die Erdbeermasse etwa 5 Minuten abkühlen lassen und dann vorsichtig auf dem unteren Gebäckboden verteilen. Dabei einen etwa 1 cm breiten Rand frei lassen. Den Tortenboden etwa 30 Minuten in den Kühlschrank stellen.

6. Für die Füllung Gelatine in kaltem Wasser nach Packungsanleitung einweichen. Gelatine ausdrücken und in einem kleinen Topf bei schwacher Hitze unter Rühren erwärmen (nicht kochen), bis sie völlig gelöst ist. Joghurt mit Puderzucker verrühren. Gelatine zunächst mit 2–3 Esslöffeln des Joghurts verrühren. Dann mit dem restlichen Joghurt verrühren.

7. Sahne mit Sahnesteif und Vanillin-Zucker steif schlagen. Sahne unter die Joghurtmasse heben. Etwa 5 Esslöffel der Joghurtcreme auf der Erdbeermasse verteilen. Von dem oberen Gebäckboden einen etwa 1 cm breiten Streifen abschneiden, sodass der Boden einen Durchmesser von etwa 19 cm bekommt. Den Gebäckboden so auf die Joghurtmasse legen, dass die Schnittfläche oben liegt. Restliche Joghurtmasse kuppelartig auf dem kleinen Gebäckboden und der restlichen Torte verstreichen.

8. Mit einem Messer in die Tortenkuppel 10–12 etwa 1 cm tiefe „Spalten" drücken. Die Torte etwa 3 Stunden in den Kühlschrank stellen.

9. Für die Blaubeersauce Blaubeeren abspülen, trocken tupfen und pürieren, evtl. durch ein Sieb streichen. Blaubeerpüree mit Puderzucker und Sahnesteif verrühren.

10. Für die Erdbeersauce beiseitegestellte Erdbeeren pürieren, mit Puderzucker und Sahnesteif verrühren.

11. Abwechselnd einen Teil der beiden Saucen mit einem Teelöffel in die „Spalten" geben. Den abgeschnittenen Gebäckrand fein zerbröseln und an den Tortenrand streuen. Restliche Fruchtsaucen zu der Torte reichen.

Schokoladen-Joghurt-Torte mit Schokoladensauce

16 Stücke

Zum Vorbereiten:
100 g Zartbitter-Kuvertüre
75 g Butter

Für den Biskuitteig:
3 Eier (Größe M)
125 g Zucker
1 Pck. Dr. Oetker Vanillin-Zucker
150 g Weizenmehl
1 gestr. TL Dr. Oetker Backin

Für die Füllung:
3 Blatt weiße Gelatine
500 g griechischer Sahnejoghurt
abgeriebene Schale von ½ Bio-Zitrone (unbehandelt, ungewachst)
1 EL Zitronensaft
100 g Zucker
250 g Schlagsahne

Zum Bestreichen:
2 EL rotes Johannisbeergelee

Für die Schokoladensauce:
25 g Zartbitter-Kuvertüre
50 g Schlagsahne
2 gestr. TL Trinkschokolade (schnell löslich)

Zubereitungszeit: 40 Minuten, ohne Kühlzeit
Backzeit: 20–25 Minuten

Zum Nachmittags-Kaffee

Pro Stück:
E: 6 g, F: 17 g, Kh: 29 g,
kJ: 1228, kcal: 294, BE: 2,5

1. Zum Vorbereiten Kuvertüre in Stücke hacken, mit der Butter in einem kleinen Topf im heißen Wasserbad bei schwacher Hitze unter Rühren schmelzen. Kuvertüremasse etwas abkühlen lassen.

2. Den Backofen vorheizen. Ober-/Unterhitze: etwa 180 °C, Heißluft: etwa 160 °C.

3. Für den Teig Eier in einer Rührschüssel mit Handrührgerät mit Rührbesen auf höchster Stufe in 1 Minute schaumig schlagen. Zucker und Vanillin-Zucker mischen, in 1 Minute unter Rühren einstreuen, dann noch etwa 2 Minuten schlagen.

4. Mehl mit Backpulver mischen und kurz auf niedrigster Stufe unterrühren. Kuvertüre unterheben. Den Teig in eine Springform (Ø 26 cm, mit Backpapier belegt) geben und glatt streichen. Die Form auf dem Rost in den vorgeheizten Backofen schieben. Den Biskuitboden 20–25 Minuten backen.

5. Den Biskuitboden aus der Form lösen und auf einem Kuchenrost erkalten lassen. Mitgebackenes Backpapier entfernen. Den Biskuitboden einmal waagerecht durchschneiden.

6. Für die Füllung Gelatine in kaltem Wasser nach Packungsanleitung einweichen. Joghurt mit Zitronenschale, -saft und Zucker verrühren. Eingeweichte Gelatine ausdrücken, in einem kleinen Topf unter Rühren erwärmen (nicht kochen), bis sie völlig gelöst ist.

7. Gelatine zuerst mit 3–4 Esslöffeln der Joghurtmasse verrühren. Dann unter die restliche Joghurtmasse rühren.

8. Sahne steif schlagen. Wenn die Joghurtmasse anfängt dicklich zu werden, Sahne unterheben.

9. Den unteren Biskuitboden auf eine Tortenplatte legen und mit Johannisbeergelee bestreichen. Die Hälfte der Joghurt-Sahne-Creme daraufgeben und glatt streichen. Den oberen Biskuitboden darauflegen und leicht andrücken.

10. Restliche Joghurt-Sahne-Masse in einen Spritzbeutel mit großer Sterntülle (Ø 10 mm) füllen und große Rosetten auf den oberen Tortenrand spritzen. Die Torte etwa 2 Stunden in den Kühlschrank stellen.

11. Für die Sauce Kuvertüre und Sahne in einem kleinen Topf im heißen Wasserbad bei schwacher Hitze unter Rühren schmelzen. Trinkschokoladenpulver unterrühren.

12. Die Sauce auf den Rosetten und der Tortenoberfläche verteilen. Die Torte nochmals etwa 30 Minuten in den Kühlschrank stellen.

Tipp: Die Torte kann auch als Dessert gereicht werden.

a

Aperol-Rhabarber-Torte

16 Stücke

Für den Rührteig:
150 g weiche Butter oder Margarine
125 g Zucker
1 Pck. Dr. Oetker Vanillin-Zucker
1 Prise Salz
4 Eier (Größe M)
175 g Weizenmehl
2 gestr. TL Dr. Oetker Backin

Für die Füllung:
500 g vorbereiteter, roter Rhabarber (dünne Stangen), z. B. Erdbeer- oder Himbeer-Rhabarber
100 g Zucker
7 Blatt weiße Gelatine
250 g Erdbeeren
150 ml Aperol (Bitterlikör)

Zum Tränken:
50 ml Aperol

Für den Belag:
3 Blatt weiße Gelatine
400 g Schlagsahne
25 g Puderzucker
1 Pck. Dr. Oetker Vanillin-Zucker

Zubereitungszeit: 50 Minuten, ohne Saftzieh- und Kühlzeit
Backzeit: 25–30 Minuten

Mit Alkohol

Pro Stück:
E: 5 g, F: 18 g, Kh: 28 g, kJ: 1331, kcal: 318, BE: 2,5

1. Den Backofen vorheizen. Ober-/Unterhitze: etwa 180 °C, Heißluft: etwa 160 °C.

2. Für den Teig Butter oder Margarine in einer Rührschüssel mit Handrührgerät mit Rührbesen geschmeidig rühren. Nach und nach Zucker, Vanillin-Zucker und Salz unterrühren. So lange rühren, bis eine gebundene Masse entstanden ist.

3. Eier nach und nach unterrühren (jedes Ei etwa ½ Minute). Mehl mit Backpulver mischen, in 2 Portionen auf mittlerer Stufe unterrühren. Den Teig in eine Springform (Ø 26 cm, gefettet) geben und glatt streichen. Die Form auf dem Rost in den vorgeheizten Backofen schieben. Den Gebäckboden 25–30 Minuten backen.

4. Den Gebäckboden aus der Form lösen und auf einem mit Backpapier belegten Kuchenrost erkalten lassen.

5. Für die Füllung den vorbereiteten Rhabarber in etwa 2 cm dicke Stücke schneiden (dicke Stangen der Länge nach halbieren und in Stücke schneiden). Rhabarberstücke in einem Topf mit Zucker mischen. Rhabarberstücke etwa 30 Minuten zum Saft ziehen stehen lassen.

6. Gelatine in kaltem Wasser nach Packungsanleitung einweichen.

7. In der Zwischenzeit Erdbeeren putzen, abspülen, trocken tupfen, entstielen und halbieren. Größere Erdbeeren vierteln.

8. Die Rhabarberstücke 3–4 Minuten unter Rühren bei mittlerer Hitze dünsten (Rhabarberstücke sollen nach Möglichkeit ganz bleiben). Den Topf von der Kochstelle nehmen. Gelatine ausdrücken und mit den Erdbeerstücken unter die Rhabarbermasse rühren, sodass die Gelatine vollständig gelöst ist. Aperol unterrühren. Rhabarber-Erdbeer-Masse erkalten lassen.

9. Den Gebäckboden einmal waagerecht durchschneiden. Den unteren Gebäckboden auf eine Tortenplatte legen und mit zwei Dritteln des Aperols tränken. Einen Tortenring darumstellen. Aus dem oberen Gebäckboden einen etwa 3 cm breiten Ring schneiden (Abbildung a). Den kleineren Gebäckboden mit dem restlichen Aperol tränken.

10. Wenn die Rhabarber-Erdbeer-Masse anfängt zu gelieren, drei Viertel davon auf den unteren Gebäckboden streichen. Den ausgeschnittenen Gebäckring darauflegen und etwas in die Rhabarber-Erdbeer-Masse drücken. Restliche Rhabarber-Erdbeer-Masse auf dem kleineren Gebäckboden verteilen. Die Torte und den kleineren Boden in den Kühlschrank stellen.

11. Für den Belag Gelatine in kaltem Wasser nach Packungsanleitung einweichen. Eingeweichte Gelatine ausdrücken und in einem kleinen Topf unter Rühren erwärmen (nicht kochen), bis sie völlig gelöst ist.

12. Sahne mit Puderzucker und Vanillin-Zucker steif schlagen. Gelatine unterrühren. Zwei Drittel der Sahne auf der Rhabarber-Erdbeer-Masse in dem Tortenring verteilen. Den kleineren Tortenboden darauflegen.

13. Restliche Sahne in einen Spritzbeutel mit Sterntülle (Ø 8–10 mm) füllen. Sahnetuffs auf den oberen Tortenrand spritzen. Die Torte etwa 2 Stunden in den Kühlschrank stellen. Tortenring lösen und entfernen.

a

b

Mars Bar Cheesecake

16 Stücke

Für den Boden:
200 g Butterkekse
130 g Butter

Für die Cheesecakefüllung:
600 g Doppelrahm-Frischkäse
200 g Magerquark
120 g Zucker
3 Eier (Größe M)
3 Riegel Mars® (je 45 g)

Für den Guss und zum Garnieren:
25 ml Milch
2 Riegel Mars® (je 45 g)

Zubereitungszeit: 50 Minuten, ohne Kühlzeit
Backzeit: etwa 40 Minuten

Stück für Stück ein Genuss

Pro Stück:
E: 9 g, F: 25 g, Kh: 27 g,
kJ: 1530, kcal: 365, BE: 2,0

1. Für den Boden Butterkekse in einen Gefrierbeutel geben. Den Beutel fest verschließen. Kekse mit einer Teigrolle fein zerbröseln. Butter in einem Topf zerlassen. Die Keksbrösel hinzufügen und gut verrühren. Die Masse in eine Springform (Ø 24 cm) geben. Die Keksbrösel mit der Rückseite eines Esslöffels 1–2 cm hoch an den Springformrand hochdrücken und auf dem Boden fest andrücken. Die Form mindestens 10 Minuten in den Kühlschrank stellen.

2. Für die Füllung Frischkäse, Quark und Zucker in einer Rührschüssel mit Handrührgerät mit Rührbesen auf mittlerer Stufe glatt rühren. Nach und nach Eier unterrühren. So lange schlagen, bis die Masse etwas fester wird.

3. Den Backofen vorheizen. Ober-/Unterhitze: etwa 180 °C, Heißluft: etwa 160 °C.

4. Die Hälfte der Frischkäsemasse auf den Bröselboden geben und glatt streichen. 3 Riegel Mars® zweimal längs durchschneiden und auf die Frischkäsemasse legen (Abbildung a). Restliche Frischkäsemasse vorsichtig darauf glatt verstreichen.

5. Die Form auf dem Rost in den vorgeheizten Backofen (unteres Drittel) schieben. Den Cheesecake etwa 40 Minuten backen.

6. Die Form auf einen Kuchenrost stellen. Den Cheesecake in der Form vollständig erkalten lassen. Cheesecake aus der Form lösen, auf eine Platte setzen und mindestens 4 Stunden in den Kühlschrank stellen.

7. Für den Guss und zum Garnieren Milch in einem kleinen Topf erwärmen. Einen Riegel Mars® in kleine Stücke schneiden und hinzugeben. Mit einem Schneebesen ständig rühren, bis der Riegel geschmolzen ist. Masse etwas abkühlen lassen.

8. Den Guss vor dem Servieren auf den Cheesecake träufeln (Abbildung b). Restlichen Riegel Mars® längs in Scheiben schneiden und auf den Guss legen.

a

Bountytorte mit Himbeeren

16 Stücke

Für den Rührteig:
150 g weiche Butter oder Margarine
120 g Zucker
1 Pck. Dr. Oetker Vanillin-Zucker
2 Eier (Größe M)
200 g Weizenmehl
2 gestr. TL Dr. Oetker Backin
75 ml Buttermilch

9 Bounty®-Riegel (je 28,5 g)

Für die Füllung:
125 g Himbeeren
1 TL Zucker
1 Pck. Dr. Oetker Sahnesteif
200 g Schlagsahne
1 Pck. Dr. Oetker Sahnesteif
1 TL Zucker

Für den Belag:
250 g Himbeeren
1 Pck. ungezuckerter Tortenguss, klar,
20 g Zucker
125 ml (1/8 l) Granatapfel- oder Himbeersirup
125 ml (1/8 l) Wasser

Zum Verzieren:
200 g Schlagsahne
1 Pck. Dr. Oetker Sahnesteif
1 Pck. Dr. Oetker Vanillin-Zucker

Zum Bestreuen:
etwa 20 g geraspelte Schokolade

Zubereitungszeit: 40 Minuten, ohne Kühlzeit
Backzeit: etwa 30 Minuten

Fruchtig – Sommertorte

Pro Stück:
E: 4 g, F: 21 g, Kh: 39 g,
kJ: 1518, kcal: 363, BE: 3,0

1. Den Backofen vorheizen. Ober-/Unterhitze: etwa 180 °C, Heißluft: etwa 160 °C.

2. Für den Teig Butter oder Margarine in einer Rührschüssel mit Handrührgerät mit Rührbesen geschmeidig rühren. Nach und nach Zucker und Vanillin-Zucker unterrühren. So lange rühren, bis eine gebundene Masse entstanden ist.

3. Eier nach und nach unterrühren (jedes Ei etwa ½ Minute). Mehl und Backpulver mischen, abwechselnd mit der Buttermilch in 2 Portionen auf mittlerer Stufe unterrühren. Den Teig in eine Springform (Ø 26 cm, mit Backpapier belegt) geben und glatt streichen. Die Bounty®Riegel jeweils 3-mal der Länge nach durchschneiden. Die Stücke im Wechsel mit der Schokoladenseite und der Kokosfüllung auf den Teig legen (Abbildung a). Die Form auf dem Rost in den vorgeheizten Backofen schieben. Den Tortenboden etwa 30 Minuten backen.

4. Den Tortenboden aus der Form lösen und auf einem Kuchenrost erkalten lassen. Mitgebackenes Backpapier entfernen. Den Tortenboden einmal waagerecht durchschneiden. Den unteren Boden auf eine Tortenplatte legen. Einen Tortenring darumstellen.

5. Für die Füllung Himbeeren verlesen, kurz abspülen und auf Küchenpapier abtropfen lassen. Zucker und Sahnesteif mischen. Himbeeren in einen tiefen Teller geben und mit einer Gabel zerdrücken. Zucker-Sahnesteif-Gemisch unter das Himbeermus rühren. Sahne mit Sahnesteif und Zucker steif schlagen, Himbeermus unterheben. Die Masse auf den unteren Tortenboden geben und glatt streichen. Den oberen Tortenboden nach Belieben in 16 Stücke schneiden und mit der Bounty® belegten Seite auf die Sahne-Himbeer-Masse legen, etwas andrücken.

6. Für den Belag Himbeeren verlesen, kurz abspülen und auf Küchenpapier abtropfen lassen. Himbeeren auf den oberen Tortenoberflächenrand legen (die Tortenmitte bleibt frei). Aus Tortengusspulver, Zucker, Sirup und Wasser einen Guss nach Packungsanleitung zubereiten. Den Guss auf den Himbeeren und der Tortenmitte verteilen. Die Torte etwa 1 Stunde in den Kühlschrank stellen. Den Tortenring lösen und entfernen.

7. Zum Verzieren Sahne mit Sahnesteif und Vanillin-Zucker steif schlagen, in einen Spritzbeutel mit Sterntülle (Ø 8–10 mm) füllen. Die Tortenmitte mit der Sahne verzieren. Mit geraspelter Schokolade garnieren.

Tipp: Statt geraspelte Schokolade Bountystückchen oder Schokoladenblätter verwenden.

Kartoffel-Marzipan-Torte

12 Stücke

Zum Vorbereiten:
250 g Kartoffeln

Für den Biskuitteig:
3 Eier (Größe M)
150 g Zucker
1 Pck. Dr. Oetker Vanillin-Zucker
75 g Weizenmehl
50 g Speisestärke
2 gestr. TL Dr. Oetker Backin
100 g abgezogene, gemahlene Mandeln
1 Prise Salz

1. Zum Vorbereiten Kartoffeln waschen, schälen, abspülen, abtropfen lassen. Kartoffeln mit Wasser bedeckt (ohne Salz) zum Kochen bringen und zugedeckt etwa 25 Minuten garen. Kartoffeln abgießen, abdämpfen und sofort durch eine Kartoffelpresse drücken. Kartoffelmasse zugedeckt erkalten lassen.

2. Den Backofen vorheizen. Ober-/Unterhitze: etwa 180 °C, Heißluft: etwa 160 °C.

3. Für den Teig Eier in einer Rührschüssel mit Handrührgerät mit Rührbesen auf höchster Stufe in 1 Minute schaumig schlagen. Zucker mit Vanillin-Zucker mischen, in 1 Minute einstreuen, dann noch etwa 2 Minuten schlagen.

Für die Füllung:
80 g Zucker
400 ml Milch
4 Blatt weiße Gelatine
1 Pck. Dr. Oetker Pudding-Pulver Sahne-Geschmack
1 EL Zucker
250 g Schlagsahne

Zum Bestreichen:
4 EL Aprikosenkonfitüre oder Quittengelee

Für den Belag:
200 g Marzipan-Rohmasse
60 g gesiebter Puderzucker

etwa 40 g Zartbitter-Schokolade (50 % Kakaoanteil)
½ TL Speiseöl

evtl. 50 g gehackte, gebräunte Mandeln

Zubereitungszeit: 60 Minuten, ohne Kühlzeit
Backzeit: 25–30 Minuten

Etwas aufwendiger

Pro Stück:
E: 9 g, F: 23 g, Kh: 57 g, kJ: 1994, kcal: 477, BE: 5,0

4. Mehl mit Speisestärke und Backpulver mischen, auf die Eiercreme geben und kurz auf niedrigster Stufe unterrühren. Mandeln und Salz vorsichtig unterrühren. Kartoffelmasse unterheben. Den Teig in eine Springform (Ø 26 cm, mit Backpapier belegt) geben und glatt streichen. Die Form auf dem Rost in den vorgeheizten Backofen (unteres Drittel) schieben. Den Biskuitboden 25–30 Minuten backen.

5. Den Biskuitboden aus der Form lösen und auf einen mit Backpapier belegten Kuchenrost stürzen. Biskuitboden erkalten lassen. Mitgebackenes Backpapier entfernen.

6. Für die Füllung Zucker in einem Topf bei mittlerer Hitze hellbraun karamellisieren lassen. 300 ml der Milch hinzugießen, bei schwacher Hitze unter Rühren aufkochen lassen, bis sich der Karamell aufgelöst hat. Gelatine in kaltem Wasser nach Packungsanleitung einweichen.

7. Pudding-Pulver mit Zucker und der restlichen Milch (100 ml) anrühren. Angerührtes Pudding-Pulver in die von der Kochstelle genommene Karamellmilch rühren und unter Rühren gut aufkochen lassen. Den Topf von der Kochstelle nehmen. Eingeweichte Gelatine leicht ausdrücken und in dem Pudding unter Rühren auflösen. Pudding unter mehrmaligem Rühren erkalten lassen. Sahne steif schlagen und unter den Pudding heben.

8. Den Biskuitboden einmal waagerecht durchschneiden. Den unteren Boden auf eine Tortenplatte legen und mit der Hälfte der Konfitüre oder des Gelees bestreichen. Einen Tortenring darumstellen. Die Karamell-Sahne-Creme daraufgeben und glatt streichen. Den oberen Boden darauflegen. Restliche Konfitüre durch ein Sieb passieren. Den oberen Tortenboden mit der Konfitüre oder dem Gelee bestreichen. Die Torte etwa 2 Stunden in den Kühlschrank stellen. Tortenring lösen und entfernen.

9. Für den Belag Marzipan mit Puderzucker verkneten. Gut drei Viertel davon auf einer mit Puderzucker bestäubten Arbeitsfläche zu einer runden Platte (Ø etwa 26 cm) ausrollen und so auf die Tortenoberfläche legen, dass auch der Rand etwa 1 cm abgedeckt ist. Evtl. mit einem Teigrädchen die Tortenoberfläche in Tortenstücke einteilen.

10. Restliches Marzipan dünn ausrollen und kleine Rosetten ausstechen.

11. Schokolade in Stücke brechen, mit Speiseöl in einem kleinen Topf im heißen Wasserbad bei schwacher Hitze unter Rühren schmelzen. Die Rosetten mit etwas von der flüssigen Schokolade befestigen. Die Torte mit der restlichen Schokolade verzieren. Schokolade fest werden lassen.

Tipp: Wenn es schnell gehen soll, für die Marzipandecke Marzipan von der Rolle verwenden.

Schokotorte

16 Stücke

Zum Vorbereiten:
140 g Ananasscheiben
(aus einer kleinen Dose)
100 g Zartbitter-Schokolade
(mindestens 50 % Kakaoanteil)
100 ml Olivenöl

Für den Teig:
3 Eier (Größe M)
200 g Zucker
1 Pck. Dr. Oetker Bourbon-Vanille-Zucker
1 Prise Salz
275 g Weizenmehl
25 g gesiebtes Kakaopulver
3 gestr. TL Dr. Oetker Backin
75 g saure Sahne (10 % Fett)

Für den Guss:
200 g Zartbitter-Schokolade
(mindestens 50 % Kakaoanteil)
50 g Butter
125 g saure Sahne (10 % Fett)
125 g Puderzucker

Zubereitungszeit: 40 Minuten,
ohne Kühlzeit
Backzeit: etwa 40 Minuten

Süße Sünde – einfach lecker

Pro Stück:
E: 5 g, F: 18 g, Kh: 44 g,
kJ: 1492, kcal: 356, BE: 3,5

1. Zum Vorbereiten Ananasscheiben in einem Sieb abtropfen lassen und in sehr kleine Stücke schneiden. Schokolade in Stücke brechen, mit 50 ml Olivenöl in einem kleinen Topf im heißen Wasserbad bei schwacher Hitze unter Rühren schmelzen. Den Topf aus dem Wasserbad nehmen. Restliches Olivenöl gut unterrühren.

2. Den Backofen vorheizen. Ober-/Unterhitze: etwa 180 °C, Heißluft: etwa 160 °C.

3. Für den Teig Eier mit Zucker und Vanille-Zucker in einer Rührschüssel mit Handrührgerät mit Rührbesen in etwa 2 Minuten schaumig schlagen. Geschmolzene Schokoladen-Olivenöl-Masse und Salz vorsichtig unterrühren. Mehl mit Kakao und Backpulver mischen, in 2 Portionen kurz auf mittlerer Stufe unterrühren. Saure Sahne und Ananasstücke unterheben.

4. Den Teig in eine Springform (Ø 26 cm, Boden mit Backpapier belegt) geben und glatt streichen. Die Form auf dem Rost in den vorgeheizten Backofen schieben. Die Torte etwa 40 Minuten backen.

5. Die Form auf einen Kuchenrost stellen. Die Torte etwa 10 Minuten in der Form abkühlen lassen, dann aus der Form lösen und mit dem Backpapier auf dem Kuchenrost erkalten lassen. Anschließend mitgebackenes Backpapier entfernen.

6. Für den Guss Schokolade in Stücke brechen, in einem Topf im heißen Wasserbad bei schwacher Hitze unter Rühren schmelzen. Den Topf von der Kochstelle nehmen. Zuerst Butter, dann saure Sahne unter die Schokolade rühren, sodass eine glatte Masse entsteht.

7. Die Schokolade evtl. in eine Rührschüssel füllen. Nach und nach Puderzucker mit Handrührgerät mit Rührbesen unterschlagen, bis eine streichfähige Masse entstanden ist.

8. Die Torte sofort vollständig mit dem Guss überziehen. Torte etwa 30 Minuten in den Kühlschrank stellen, bis der Guss schnittfest ist.

Altbier-Torte

24 Stücke

Für den Rührteig:
250 g weiche Butter oder Margarine
125 g brauner Zucker (Rohrzucker)
1 Pck. Dr. Oetker Bourbon-Vanille-Zucker
1 Prise Salz
abgeriebene Schale von 1 Bio-Zitrone
(unbehandelt, ungewachst)
2 EL Zitronensaft
4 Eier (Größe M)
150 g Weizenmehl
100 g Semmelbrösel
3 gestr. TL Dr. Oetker Backin
125 ml (1/8 l) dunkles Bier (Altbier)
100 g Zartbitter-Raspelschokolade
100 g gehackte Mandeln

Semmelbrösel für die Formen

Zum Bestreichen:
2 EL Kirschkonfitüre

Für den Guss:
125 g Puderzucker
etwa 2 EL dunkles Bier (Altbier)

Zum Garnieren:
Gebäcksticks mit Schokolade

Zum Verzieren:
2–3 EL Kirschkonfitüre

Zubereitungszeit: 40 Minuten
Backzeit: 35–40 Minuten je Boden

Mit Alkohol

Pro Stück:
E: 4 g, F: 14 g, Kh: 26 g,
kJ: 1027, kcal: 245, BE: 2,0

1. Den Backofen vorheizen. Ober-/Unterhitze: etwa 180 °C, Heißluft: etwa 160 °C.

2. Für den Teig Butter oder Margarine in einer Rührschüssel mit Handrührgerät mit Rührbesen geschmeidig rühren. Nach und nach Zucker, Vanille-Zucker und Salz unterrühren. So lange rühren, bis eine gebundene Masse entstanden ist. Zitronenschale und -saft hinzufügen.

3. Eier nach und nach unterrühren (jedes Ei etwa ½ Minute). Mehl mit Semmelbröseln und Backpulver mischen, abwechselnd mit dem Bier in 2 Portionen auf mittlerer Stufe unterrühren. Raspelschokolade und Mandeln unterrühren.

4. Zwei Drittel des Teiges in eine Springform (Ø 20 cm, gefettet, mit Semmelbröseln ausgestreut) geben und glatt streichen. Restlichen Teig in eine Springform (Ø 18 cm, gefettet, mit Semmelbröseln ausgestreut) geben und glatt streichen. Die Formen nacheinander (bei Heißluft zusammen) auf dem Rost in den vorgeheizten Backofen schieben. Die Tortenböden jeweils 35–40 Minuten backen.

5. Die Böden aus den Formen lösen und auf einem mit Backpapier belegten Kuchenrost erkalten lassen.

6. Den größeren Tortenboden auf eine Tortenplatte legen. Tortenoberfläche mit Konfitüre bestreichen.

7. Für den Guss Puderzucker mit so viel Altbier verrühren, dass eine dickflüssige Masse entsteht. Gut die Hälfte des Gusses auf der Torte verteilen. Den kleineren Tortenboden darauflegen, leicht andrücken und mit dem restlichen Guss bestreichen. Den Guss auf den unteren Tortenboden fließen lassen. Die Torte mit Gebäcksticks garnieren.

8. Zum Verzieren Konfitüre durch ein Sieb streichen und in Pergamentpapiertütchen füllen. Die Altbier-Torte damit verzieren. Guss fest werden lassen.

Tipp: Die Altbier-Torte kann auch in einer Napfkuchenform (Ø 24 cm, gefettet, mit Semmelbröseln ausgestreut) oder in einer Springform mit Rohrboden (Ø 26 cm, gefettet, mit Semmelbröseln ausgestreut) gebacken werden. Dann die Konfitüre zum Bestreichen weglassen.

a
Matcha

Fruity-Matcha-Torte

12 Stücke

Für den Teig:
100 g Naturreis-Waffeln (mit Meersalz)
100 g weiße Kuvertüre
75 g Butter
50 g Schlagsahne

Für den Belag:
1 Dose Ananasstücke (Abtropfgewicht 260 g)
1 Pck. ungezuckerter Tortenguss, klar
20 g Zucker
4 EL Ananassaft (aus der Dose)
5 Blatt weiße Gelatine
125 ml (1/8 l) Milch
75 g Zucker
2 gestr. TL Matcha-Teepulver
200 ml Vanille-Trinkjoghurt
250 g Schlagsahne

Zum Bestreuen:
½ TL Matcha-Teepulver

Zubereitungszeit: 35 Minuten, ohne Kühlzeit

Raffiniert – mal anders

Pro Stück:
E: 3 g, F: 17 g, Kh: 28 g,
kJ: 1194, kcal: 285, BE: 2,5

1. Für den Teig Waffeln im Mixer oder Blitzhacker fein zerbröseln. 25 g von den Bröseln abnehmen und beiseitestellen.

2. Kuvertüre in Stücke hacken, mit Butter und Sahne in einem kleinen Topf im heißen Wasserbad bei schwacher Hitze unter Rühren schmelzen. Die Kuvertüre zu den Waffelbröseln in die Rührschüssel geben und gut unterrühren.

3. Einen Tortenring (Ø 24 cm) auf eine mit Backpapier oder Tortenspitze belegte Tortenplatte stellen. Die Bröselmasse in den Tortenring geben, mit einem Löffel zu einem Boden und einem gut 1 cm hohen Rand andrücken, kalt stellen.

4. Für den Belag Ananasstücke in einem Sieb abtropfen lassen, den Saft auffangen und etwa 4 Esslöffel abmessen. Ananasstücke pürieren und in einen Topf geben. Tortengusspulver, Zucker und 4 Esslöffel des Ananassaftes unterrühren. Aus den Zutaten einen Guss nach Packungsanleitung zubereiten. Fruchtmasse etwa 5 Minuten abkühlen lassen, auf den Bröselboden geben und glatt streichen. Etwa 30 Minuten kalt stellen.

5. Gelatine in kaltem Wasser nach Packungsanleitung einweichen. Die Milch in einem kleinen Topf zum Kochen bringen. Den Topf von der Kochstelle nehmen. Zucker mit dem Teepulver mischen. Eingeweichte Gelatine leicht ausdrücken und in der Milch unter Rühren auflösen. Zucker-Teepulver-Mischung mit einem Schneebesen unter die Gelatinemilch rühren. Trinkjoghurt ebenfalls gut unterrühren, kalt stellen.

6. Sahne steif schlagen. Wenn die Milch-Joghurt-Masse anfängt zu gelieren, Sahne unterheben und auf der Ananasfruchtmasse verteilen, glatt streichen. Die Torte etwa 2 Stunden in den Kühlschrank stellen.

7. Den Tortenring lösen und entfernen. Kurz vor dem Servieren die beiseitegestellten Waffelbrösel mit etwa ½ Teelöffel Matcha-Teepulver mischen und einen Teil davon auf den Tortenoberflächenrand streuen. Restliche Brösel-Teepulver-Mischung dazureichen.

Tipps: Matcha-Teepulver (Abbildung a) erhalten Sie in guten Teehäusern oder in Asialäden. Die angebrochene Teedose im Kühlschrank aufbewahren.

Himmel-und-Erde-Torte

12 Stücke

Für den Teig I:
400 g geschälte Kartoffeln
4 Eier (Größe M)
150 g Zucker
1 Prise Salz
120 g Weizenmehl
1 gestr. TL Dr. Oetker Backin
100 g abgezogene, gemahlene Mandeln
50 g Korinthen

Für den Teig II:
50 g gehackte Mandeln

Zum Bestreuen:
2 EL Zimt-Zucker
25 g Butter

Für die Füllung:
750 g Äpfel, z. B. Elstar oder Braeburn
200 ml Apfelsaft
100 ml Weißwein
40 g Zucker
1 Stange Zimt
6 Blatt weiße Gelatine
500 g Schlagsahne
1 Pck. Dr. Oetker Sahnesteif
1 Pck. Dr. Oetker Vanillin-Zucker

Außerdem:
Semmelbrösel für die Form

Zubereitungszeit: 60 Minuten, ohne Kühlzeit
Backzeit: 50–60 Minuten

Mit Alkohol

Pro Stück:
E: 9 g, F: 25 g, Kh: 45 g,
kJ: 1870, kcal: 447, BE: 4,0

1. Für den Teig Kartoffeln in einem Topf mit Wasser (ohne Salz) bedeckt zum Kochen bringen. Kartoffeln etwa 20 Minuten garen. Kartoffeln abgießen, abdämpfen. Zwei Drittel der Kartoffeln sofort durch eine Kartoffelpresse drücken. Kartoffeln (gepresst und ganze Kartoffeln) erkalten lassen.

2. Den Backofen vorheizen. Ober-/Unterhitze: etwa 180 °C, Heißluft: etwa 160 °C.

3. Eier in einer Rührschüssel mit Handrührgerät mit Rührbesen auf höchster Stufe in 1 Minute schaumig schlagen. Zucker und Salz in 1 Minute unter Rühren einstreuen, dann noch etwa 2 Minuten schlagen.

4. Mehl mit Backpulver und Mandeln mischen, in 2 Portionen kurz auf niedrigster Stufe unterrühren. Ein Viertel des Biskuitteiges abnehmen und in eine Rührschüssel geben. Die gepressten Kartoffeln und Korinthen unter den restlichen Teig heben. Den Teig in eine Springform (Ø 26 cm, gefettet, mit Semmelbröseln ausgestreut) geben und glatt streichen. Die Form auf dem Rost in den vorgeheizten Backofen schieben. Den Boden 35–40 Minuten backen.

5. Den Boden aus der Form lösen und auf einem mit Backpapier belegten Kuchenrost erkalten lassen.

6. Für den 2. Teig die ganzen Kartoffeln in sehr kleine Würfel schneiden. Kartoffelwürfel und Mandeln unter den restlichen Biskuitteig heben. Den Teig ebenfalls in eine Springform (Ø 26 cm, gefettet, mit Semmelbröseln ausgestreut) geben und glatt streichen. Den Teig mit Zimt-Zucker bestreuen. Butterflöckchen darauf verteilen. Die Form auf dem Rost in den vorgeheizten Backofen schieben. Den Boden bei gleicher Backofentemperatur 15–20 Minuten backen.

7. Den Boden aus der Form lösen und auf dem Springformboden erkalten lassen.

8. Für die Füllung Äpfel schälen, vierteln, entkernen, in dünne Spalten schneiden. Apfelsaft mit Wein, Zucker und Zimtstange zum Kochen bringen. Apfelspalten darin 2–3 Minuten bei schwacher Hitze kochen lassen.

9. Gelatine in kaltem Wasser einweichen, leicht ausdrücken, zu den gedünsteten Apfelspalten (Zimtstange entfernen) geben, unter Rühren auflösen. Von der Sahne 125 g abnehmen und flüssig unter die Apfelspalten rühren. Apfelmasse erkalten lassen.

10. Den Tortenboden mit den Korinthen auf eine Tortenplatte legen, einen Tortenring darumstellen. Wenn die Apfelmasse anfängt dicklich zu werden, auf den Tortenboden geben und glatt streichen. Die Torte etwa 2 Stunden in den Kühlschrank stellen.

11. Restliche Sahne (375 g) mit Sahnesteif und Vanillin-Zucker steif schlagen. Sahne in einen Spritzbeutel mit Lochtülle (Ø etwa 10 mm) füllen. Den Tortenring lösen und entfernen. Die Tortenoberfläche mit unterschiedlich großen Sahnetuffs verzieren.

12. Den zweiten Tortenboden mit einem scharfen Messer in 12 Stücke schneiden. Die Tortenstücke windmühlenartig in die Sahnetuffs stecken. Die Torte nochmals etwa 30 Minuten in den Kühlschrank stellen.

Admirals-Torte

16 Stücke

Für den Rührteig:
250 g weiche Butter oder Margarine
175 g Zucker
4 Eigelb (Größe M)
2 TL Dr. Oetker Finesse Geriebene Zitronenschale
300 g Weizenmehl
1 gestr. TL Dr. Oetker Backin
4 Eiweiß (Größe M)
1 Prise Salz

Zum Bestreuen:
50 g gehobelte Haselnusskerne
25 g Zucker
1 Pck. Dr. Oetker Vanillin-Zucker

Für die Füllung:
1 Glas stückiges Apfelmus (Einwaage 365 g)
3 EL Himbeerkonfitüre

Zubereitungszeit: 40 Minuten ohne Kühlzeit
Backzeit: 15–20 Minuten je Boden

Fruchtig – einfach lecker

Pro Stück:
E: 4 g, F: 17 g, Kh: 34 g,
kJ: 1308, kcal: 313, BE: 3,0

1. Den Backofen vorheizen. Ober-/Unterhitze: etwa 180 °C, Heißluft: etwa 160 °C.

2. Für den Teig Butter oder Margarine in einer Rührschüssel mit Handrührgerät mit Rührbesen auf höchster Stufe geschmeidig rühren. Nach und nach Zucker unterrühren. So lange rühren, bis eine gebundene Masse entstanden ist.

3. Eigelb nach und nach unterrühren (jedes Eigelb knapp ½ Minute). Zitronenschale hinzufügen. Mehl mit Backpulver mischen, in 2 Portionen kurz auf mittlerer Stufe unterrühren. Eiweiß mit Salz steif schlagen und unterheben.

4. Aus dem Teig 4 Böden backen. Dafür jeweils ein Viertel des Teiges auf den Boden einer Springform (Ø 26 cm, gefettet) geben und glatt streichen.

5. Zum Bestreuen Haselnusskerne mit Zucker und Vanillin-Zucker mischen. 2 der Teigböden mit der Haselnussmischung bestreuen. Die Böden nacheinander (bei Heißluft 2 Böden zusammen) ohne Springformrand auf dem Rost in den vorgeheizten Backofen schieben. Die Böden jeweils 15–20 Minuten backen.

6. Die Böden etwa 2 Minuten auf dem Springformboden abkühlen lassen, dann vom Springformboden lösen und einzeln auf je einem mit Backpapier belegten Kuchenrost erkalten lassen. Einen nicht bestreuten Gebäckboden auf eine Tortenplatte legen.

7. Für die Füllung die Hälfte des Apfelmuses auf dem Boden verteilen und mit einem mit Haselnusskernen bestreuten Gebäckboden belegen. Den Boden mit Konfitüre bestreichen. Den zweiten nicht bestreuten Gebäckboden darauflegen. Restliches Apfelmus daraufgeben und glatt streichen. Mit dem vierten Gebäckboden belegen. Die Torte etwa 1 Stunde in den Kühlschrank stellen.

Tipps: Die Torte kann gut vorbereitet werden. Sie hält sich zugedeckt im Kühlschrank 2–3 Tage frisch. Statt Himbeerkonfitüre eine andere Beerenkonfitüre verwenden.

Rotweinbirnen-Käsetorte

16 Stücke

Zum Vorbereiten:
750 g Birnen (etwa 4 nicht zu reife Birnen)
400 ml Rotwein
125 g Zucker
1 Stck. Stangenzimt

Für den Streuselteig:
175 g Butter oder Margarine
300 g Weizenmehl
150 g Zucker
1 Pck. Dr. Oetker Vanillin-Zucker
1 Ei (Größe M)

Für den Belag:
500 g Magerquark
250 g Crème fraîche
80 g Zucker
1 Pck. Dr. Oetker Pudding-Pulver Vanille-Geschmack
2 Eigelb (Größe M)
2 Eiweiß (Größe M)
1 Prise Salz

Für den Guss:
50 g Puderzucker
evtl. 1 EL Rotweinflüssigkeit (von den Birnen)

Zubereitungszeit: 45 Minuten, ohne Durchzieh- und Abkühlzeit
Backzeit: 70–75 Minuten

Mit Alkohol

Pro Stück:
E: 8 g, F: 16 g, Kh: 42 g, kJ: 1435, kcal: 344, BE: 3,5

1. Zum Vorbereiten Birnen schälen, halbieren und entkernen. Rotwein mit Zucker und Stangenzimt in einen Topf geben. Birnenhälften hinzufügen, zum Kochen bringen und etwa 15 Minuten bei schwacher Hitze kochen lassen (die Kochzeit richtet sich nach der Reife der Birnen). Den Topf von der Kochstelle nehmen. Die Birnenhälften in der Rotweinflüssigkeit erkalten und mindestens 2–3 Stunden oder über Nacht durchziehen lassen. Die Birnen in einem Sieb abtropfen lassen. Die Rotweinflüssigkeit dabei auffangen.

2. Für den Teig Butter oder Margarine zerlassen und abkühlen lassen. Mehl in eine Rührschüssel geben. Zucker, Vanillin-Zucker, Ei und Butter oder Margarine hinzufügen. Die Zutaten mit Handrührgerät mit Rührbesen zunächst kurz auf niedrigster, dann auf höchster Stufe zu Streuseln verarbeiten.

3. Den Backofen vorheizen. Ober-/Unterhitze: etwa 180 °C, Heißluft: etwa 160 °C.

4. Drei Viertel der Teigstreusel in eine Springform (Ø 26 cm, gefettet) geben, zu einem Boden und etwa 3 cm hohen Rand andrücken.

5. Für den Belag Quark mit Crème fraîche, Zucker, Pudding-Pulver und Eigelb in einer Rührschüssel verrühren. Eiweiß mit Salz steif schlagen und unter die Quarkmasse heben. Ein Viertel der Quarkmasse auf den Streuselboden geben und glatt streichen. Die Birnenhälften darauf verteilen. Restliche Quarkmasse darauf verstreichen.

6. Restliche Teigstreusel auf die Quarkmasse streuen. Die Form auf dem Rost in den vorgeheizten Backofen schieben. Die Torte 70–75 Minuten backen.

7. Die Form auf einen Kuchenrost stellen. Die Torte etwa 15 Minuten in der Form abkühlen lassen, dann vom Springformrand und -boden lösen. Springformrand entfernen. Die Torte auf dem Springformboden erkalten lassen.

8. Für den Guss Puderzucker mit so viel Rotweinflüssigkeit verrühren, dass eine dickflüssige Masse entsteht. Den Guss in einen Gefrierbeutel geben und eine kleine Ecke abschneiden. Die Tortenoberfläche damit verzieren. Guss fest werden lassen.

a

Süßkartoffel-Bienenstich

16 Stücke

Für den Belag:
50 g Butter
50 g brauner Zucker (Rohrzucker)
75 g Schlagsahne
50 g gehobelte Mandeln
50 g gehobelte Haselnusskerne

Zum Vorbereiten für den Teig:
1 mittelgroße Süßkartoffel (etwa 250 g)
30 g Butter
50 g brauner Zucker (Rohrzucker)
75 ml Orangensaft
½ Pck. Dr. Oetker Finesse Natürliches Orangenschalen-Aroma

Für den Rührteig:
125 g weiche Butter oder Margarine
100 g brauner Zucker (Rohrzucker)
1 Pck. Dr. Oetker Vanillin-Zucker
2 Eier (Größe M)
200 g Weizenmehl
2 gestr. TL Dr. Oetker Backin

Für die Füllung:
200 g Schmand (Sauerrahm, 24 % Fett)
125 g Schlagsahne
30 g gesiebter Puderzucker
1 Pck. Dr. Oetker Vanillin-Zucker
1 Pck. Dr. Oetker Sahnesteif

Zubereitungszeit: 40 Minuten, ohne Kühlzeit
Backzeit: etwa 35 Minuten

Raffiniert – mal anders

Pro Stück:
E: 4 g, F: 22 g, Kh: 29 g, kJ: 1399, kcal: 334, BE: 2,5

1. Für den Belag Butter, Zucker und Sahne in einem Topf bei mittlerer Hitze zerlassen. Mandeln und Haselnusskerne hinzugeben. So lange rühren, bis eine gebundene Masse entstanden ist. Nussmasse erkalten lassen (nicht in den Kühlschrank stellen).

2. Zum Vorbereiten für den Teig Süßkartoffel waschen, schälen, abspülen, abtrocknen und grob raspeln (Abbildung a). Butter mit Zucker in einem Topf schmelzen. Kartoffelraspel hinzugeben, mit dem Orangensaft etwa 5 Minuten unter Rühren dünsten. Orangenschale unterrühren. Die Masse erkalten lassen.

3. Den Backofen vorheizen. Ober-/Unterhitze: etwa 180 °C, Heißluft: etwa 160 °C.

4. Für den Teig Butter oder Margarine in einer Rührschüssel mit Handrührgerät mit Rührbesen geschmeidig rühren. Nach und nach Rohrzucker und Vanillin-Zucker unterrühren. So lange rühren, bis eine gebundene Masse entstanden ist.

5. Eier nach und nach unterrühren (jedes Ei etwa ½ Minute). Mehl mit Backpulver mischen, in 2 Portionen auf mittlerer Stufe unterrühren. Süßkartoffelmasse unterheben. Den Teig in eine Springform (Ø 26 cm, mit Backpapier belegt) geben und glatt streichen. Die erkaltete Nussmasse vorsichtig darauf verteilen. Die Form auf dem Rost in den vorgeheizten Backofen schieben. Den Tortenboden etwa 35 Minuten backen. Evtl. etwa 5 Minuten vor Ende der Backzeit den Tortenboden mit Backpapier belegen.

6. Den Tortenboden aus der Form lösen und auf einem Kuchenrost erkalten lassen. Mitgebackenes Backpapier entfernen.

7. Für die Füllung Schmand und Sahne in eine Rührschüssel geben, vorsichtig mit Handrührgerät mit Rührbesen verrühren. Puderzucker mit Vanillin-Zucker und Sahnesteif mischen, zu der Schmand-Sahne-Masse geben und steif schlagen.

8. Den Tortenboden einmal waagerecht durchschneiden. Den unteren Boden auf eine Tortenplatte legen. Den oberen Boden in 12 Tortenstücke teilen. Die Schmand-Sahne daraufgeben und glatt streichen. Mit den Tortenstücken belegen. Die Torte etwa 1 Stunde in den Kühlschrank stellen.

Tipp: Wenn es schnell gehen soll, die Süßkartoffel-Torte nicht füllen, nur geschlagene Sahne dazureichen.

a

Apfel-Rosmarin-Torte

16 Stücke

Zum Vorbereiten:
400 g Äpfel, z. B. Elstar
25 g brauner Zucker (Rohrzucker)
1 ½ EL frische Rosmarinnadeln

Für den Rührteig:
150 g Zartbitter-Schokolade (mindestens 50 % Kakaoanteil)
50 ml Speiseöl
150 g weiche Butter oder Margarine
120 g Zucker
1 Pck. Dr. Oetker Bourbon-Vanille-Zucker
1 Prise Salz
3 Eier (Größe M)
200 g Weizenmehl
50 g Semmelbrösel
2 gestr. TL Dr. Oetker Backin

Für den Guss:
100 g Zartbitter-Schokolade (mindestens 50 % Kakaoanteil)
½–1 TL Speiseöl

Nach Belieben zum Verzieren:
25 g weiße Kuvertüre oder Schokolade

Zubereitungszeit: 40 Minuten, ohne Durchzieh- und Abkühlzeit
Backzeit: 40–50 Minuten

Raffiniert – für jeden Tag

Pro Stück:
E: 4 g, F: 18 g, Kh: 30 g, kJ: 1262, kcal: 302, BE: 2,5

1. Zum Vorbereiten Äpfel schälen, vierteln, entkernen und in kleine Stücke schneiden. Apfelstücke mit Zucker in einen Topf geben und etwa 30 Minuten stehen lassen. Rosmarin abspülen und trocken tupfen. Die Nadeln von den Stängeln streifen. Rosmarinnadeln fein hacken.

2. Die Apfelstücke etwa 5 Minuten bei schwacher Hitze dünsten, dabei zwischendurch umrühren. Rosmarin unterrühren (Abbildung a). Die Apfelmasse etwa 2 Stunden durchziehen lassen.

3. Für den Teig Schokolade in Stücke brechen, mit dem Speiseöl in einem kleinen Topf im heißen Wasserbad bei schwacher Hitze unter Rühren schmelzen, etwas abkühlen lassen.

4. Den Backofen vorheizen. Ober-/Unterhitze: etwa 180 °C, Heißluft: etwa 160 °C.

5. Butter oder Margarine in einer Rührschüssel mit Handrührgerät mit Rührbesen geschmeidig rühren. Nach und nach Zucker, Vanille-Zucker und Salz unterrühren. So lange rühren, bis eine gebundene Masse entstanden ist.

6. Eier nach und nach unterrühren (jedes Ei etwa ½ Minute). Mehl mit Backpulver und Semmelbröseln mischen, in 2 Portionen auf mittlerer Stufe unterrühren. Schokolade unterrühren. Apfelmasse unterheben.

7. Den Teig in eine Springform (Ø 26 cm, gefettet) geben und glatt streichen. Die Form auf dem Rost in den vorgeheizten Backofen schieben. Die Torte 40–50 Minuten backen.

8. Die Torte aus der Form lösen und auf einem mit Backpapier belegten Kuchenrost erkalten lassen.

9. Für den Guss Schokolade mit Speiseöl wie unter Punkt 3 beschrieben schmelzen. Die Schokolade auf die Tortenoberfläche geben und verstreichen. Schokolade fest werden lassen.

10. Nach Belieben zum Verzieren Kuvertüre oder Schokolade wie unter Punkt 3 beschrieben schmelzen, in ein Pergamentpapiertütchen füllen und eine kleine Ecke abschneiden. Den Tortenoberflächenrand damit verzieren. Kuvertüre oder Schokolade fest werden lassen.

Tipp: Die Tortenmitte nach Belieben mit Rosmarinnadeln garnieren und mit Puderzucker bestäuben.

Dreierlei Schokoladenkuchen

24 Stücke

Für den Knetteig:
125 g Vollkornkekse
60 g Weizenmehl
1 gestr. TL Kakaopulver
1 Pck. Dr. Oetker Vanillin-Zucker
1 Ei (Größe M)
75 g Butter oder Margarine

Für den Belag:
1. Schicht
200 g weiße Kuvertüre
75 g Crème fraîche
25 g getrocknete Beerenmischung, ungeschwefelt, z. B. Cranberries, Blaubeeren, Sauerkirschen
1 TL Zitronensaft

2. Schicht
75 g Crème fraîche
25 g Schlagsahne
200 g Vollmilch-Kuvertüre
75 g Vollkornkekse
2 EL Rum oder Amaretto (Mandellikör)
evt. 1 kleine Bio-Zitrone (unbehandelt, ungewachst)

3. Schicht
200 g Zartbitter-Kuvertüre (55 % Kakaoanteil)
100 g Schlagsahne
evtl. 1 EL Rum oder Amaretto (Mandellikör)

Zum Bestäuben:
Kakaopulver

Zubereitungszeit: 40 Minuten, ohne Kühlzeit
Backzeit: 10–15 Minuten

Mit Alkohol – begeistert Gäste

Pro Stück:
E: 3 g, F: 17 g, Kh: 21 g, kJ: 1078, kcal: 258, BE: 2,0

1. Für den Knetteig Kekse in einem Blitzhacker fein zerkleinern. Oder Kekse in einen Gefrierbeutel geben. Beutel verschließen. Kekse mit einer Teigrolle fein zerbröseln. Keksbrösel in eine Rührschüssel geben. Mehl, Kakao, Vanillin-Zucker, Ei und Butter oder Margarine hinzufügen. Die Zutaten mit Handrührgerät mit Rührbesen zunächst kurz auf niedrigster, dann auf höchster Stufe gut durcharbeiten.

2. Anschließend auf einer bemehlten Arbeitsfläche zu einem glatten Teig verkneten. Sollte der Teig kleben, ihn in Frischhaltefolie gewickelt eine Zeit lang kalt stellen

3. Den Backofen vorheizen. Ober-/Unterhitze: etwa 200 °C, Heißluft: etwa 180 °C.

4. Zwei Drittel des Teiges auf dem Boden einer Springform (Ø 26 cm, gefettet) ausrollen. Den Teigboden mehrmals mit einer Gabel einstechen. Einen Springformrand um den Boden legen. Restlichen Teig zu einer Rolle formen, auf den Teig boden legen und so an die Form drücken, dass ein etwa 2 cm hoher Rand entsteht. Die Form auf dem Rost in den vorgeheizten Backofen schieben. Den Knetteigboden 10–15 Minuten backen.

5. Die Form auf einen Kuchenrost stellen. Den Knetteigboden in der Form erkalten lassen.

6. Für den Belag (1. Schicht) Kuvertüre in kleine Stücke hacken. Crème fraîche in einem kleinen Topf erhitzen. Den Topf von der Kochstelle nehmen. Kuvertüre hinzugeben und unter Rühren schmelzen. Beerenfrüchte klein schneiden, mit dem Zitronensaft unter die Kuvertüre rühren. Die Masse auf den gebackenen Knetteigboden geben und glatt streichen. Die Form etwa 2 Stunden in den Kühlschrank stellen.

7. Für die 2. Schicht Crème fraîche und Sahne erhitzen. Kuvertüre klein hacken, hinzugeben und unter Rühren schmelzen lassen. Die Vollmilch-Kuvertüre-Masse auf die 1. Schicht (weiße Kuvertüre) geben und glatt streichen. Vollkornkekse darauflegen. Kekse mit Rum oder Likör bestreichen. Die Form wieder etwa 1 Stunde in den Kühlschrank stellen.

8. Für die 3. Schicht Zartbitter-Kuvertüre in kleine Stücke hacken. Sahne in einem Topf zum Kochen bringen. Den Topf von der Kochstelle nehmen. Kuvertüre darin unter Rühren schmelzen. Nach Belieben Rum oder Likör unterrühren. Die Zartbitter-Kuvertüre-Masse auf die Vollkornkekse geben und glatt streichen. Die Form wieder etwa 2 Stunden in den Kühlschrank stellen. Die Kuvertüre fest werden lassen.

9. Die Torte aus der Form lösen und auf eine Tortenplatte setzen. Die Tortenoberfläche dick mit Kakao bestäuben. Die Torte in 24 kleine Stücke schneiden.

Tipps: Gut verpackt hält sich die Torte mindestens 3–4 Tage im Kühlschrank. Einen starken Kaffee, z. B. Espresso zu der Torte reichen.

Apfelkuchen ohne Ei

16 Stücke

Für den All-in-Teig:
150 g Butter oder Margarine
100 g Pekannusskerne, geröstet, gesalzen
375 g Weizenmehl
3 gestr. TL Dr. Oetker Backin
1 Pck. (5 g) Natron
150 g Zucker
75 ml Buttermilch
300 g grob geraspelte Äpfel (ohne Schale)
100 g Cranberries, getrocknet

Für die Füllung:
300 g Äpfel mit roter Schale
40 g Zucker
1 EL Zitronensaft
200 g Doppelrahm-Frischkäse
200 g Schlagsahne
1 Pck. Dr. Oetker Sahnesteif
1 Pck. Dr. Oetker Vanillin-Zucker
2 EL Apfelsaft (von den Äpfeln)

Zum Garnieren und Bestäuben:
25 g Cranberries
etwas Puderzucker

Zubereitungszeit: 50 Minuten, ohne Kühlzeit
Backzeit: 40–50 Minuten

Einfach lecker – mal anders

Pro Stück:
E: 5 g, F: 21 g, Kh: 42 g, kJ: 1578, kcal: 377, BE: 3,5

1. Für den Teig Butter oder Margarine zerlassen und abkühlen lassen, sodass sie noch flüssig ist. 75 g der Pekannuskerne in Stücke hacken.

2. Den Backofen vorheizen. Ober-/Unterhitze: etwa 180 °C, Heißluft: etwa 160 °C.

3. Mehl mit Backpulver und Natron mischen, in eine Rührschüssel geben. Zucker, Buttermilch, Butter oder Margarine und Apfelraspel hinzufügen. Die Zutaten mit Handrührgerät mit Rührbesen zunächst kurz auf niedrigster, dann auf höchster Stufe in etwa 2 Minuten zu einem glatten Teig verarbeiten. Gehackte Pekannusskerne und Cranberries unter den Teig rühren.

4. Den Teig in eine Springform (Ø 26 cm, gefettet) geben und glatt streichen. Die Form auf dem Rost in den vorgeheizten Backofen schieben. Den Gebäckboden 40–50 Minuten backen.

5. Den Gebäckboden aus der Form lösen und auf einem mit Backpapier belegten Kuchenrost erkalten lassen.

6. Für die Füllung Äpfel heiß abwaschen, abtrocknen, vierteln und entkernen. Apfelviertel mit der Schale in dünne Spalten schneiden. Zucker in einem Topf karamellisieren. Apfelspalten und Zitronensaft hinzugeben, unter Rühren 2–3 Minuten dünsten lassen. Apfelspalten erkalten lassen, in einem Sieb abtropfen lassen, den Saft auffangen und 2 Esslöffel abmessen.

7. Frischkäse mit Sahne verrühren. Sahnesteif mit Vanillin-Zucker mischen und unterrühren. Die Masse mit Handrührgerät mit Rührbesen cremig aufschlagen. Apfelsaft unterrühren. 3 Esslöffel der Käse-Sahne-Masse abnehmen und beiseitestellen. Die Apfelspalten (12 Apfelspalten beiseitelegen) unter die restliche Käse-Sahne-Masse heben.

8. Den Gebäckboden einmal waagerecht durchschneiden. Den unteren Gebäckboden auf eine Tortenplatte legen. Die Apfel-Käse-Sahne-Masse daraufgeben und glatt streichen. Den oberen Gebäckboden darauflegen. Beiseitegestellte Käse-Sahne-Masse in kleinen Häufchen auf die Kuchenoberfläche geben. Mit den beiseitegelegten Apfelspalten, restlichen, halbierten Pekannusskernen und Cranberries garnieren.

9. Den oberen Kuchenrand mit Puderzucker bestäuben. Den Kuchen etwa 1 Stunde in den Kühlschrank stellen.

Schokopfeffer-Kuchen

16 Stücke

Für den Rührteig:
125 g weiche Butter oder Margarine
125 g Zucker
1 Pck. Dr. Oetker Bourbon-Vanille-Zucker
½ TL gemahlene, bunte Pfefferkörner
8 Eigelb (Größe M)
300 g gemahlene Haselnusskerne
50 g gehackte Haselnusskerne
1 gestr. TL Dr. Oetker Backin
2 EL Rum
8 Eiweiß (Größe M)
1 Prise Salz
1 TL Zucker

Zum Bestreichen:
100 g Kirschkonfitüre

Für den Guss und zum Bestreuen:
200 g Zartbitter-Schokolade
(mindestens 50 % Kakaoanteil)
2 TL Olivenöl
1 TL bunte Pfefferkörner

Zubereitungszeit: 40 Minuten, ohne Kühlzeit
Backzeit: etwa 50 Minuten

Mit Alkohol

Pro Stück:
E: 7 g, F: 28 g, Kh: 21 g,
kJ: 1537, kcal: 367, BE: 2,0

1. Den Backofen vorheizen. Ober-/Unterhitze: etwa 180 °C, Heißluft: etwa 160 °C.

2. Für den Teig Butter oder Margarine in einer Rührschüssel mit Handrührgerät mit Rührbesen geschmeidig rühren. Nach und nach Zucker, Vanillin-Zucker und Pfefferkörner unterrühren. So lange rühren, bis eine gebundene Masse entstanden ist.

3. Eigelb nach und nach unterrühren (jedes Eigelb knapp ½ Minute). Haselnusskerne mit Backpulver mischen, abwechselnd in 2 Portionen mit dem Rum auf mittlerer Stufe unterrühren. Eiweiß mit Salz und Zucker steif schlagen und unter den Teig heben. Den Teig in eine Napfkuchenform (Ø 24 cm, gefettet, gemehlt) geben und glatt streichen. Die Form auf dem Rost in den vorgeheizten Backofen schieben. Den Kuchen etwa 50 Minuten backen.

4. Die Form auf einen Kuchenrost stellen. Den Kuchen etwa 5 Minuten in der Form stehen lassen, dann aus der Form lösen und auf einen mit Backpapier belegten Kuchenrost stürzen.

5. Zum Bestreichen Konfitüre durch ein Sieb streichen und in einem kleinen Topf erwärmen. Die Konfitüre mithilfe eines Backpinsels auf den noch warmen Kuchen streichen. Den Kuchen erkalten lassen.

6. Für den Guss und zum Bestreuen Schokolade in Stücke brechen, mit Olivenöl in einem kleinen Topf im heißen Wasserbad bei schwacher Hitze unter Rühren schmelzen. Pfefferkörner im Mörser oder mit einem Messerrücken grob zerkleinern. Drei Viertel der Schokoladenmasse auf dem Kuchen verteilen und mit einem Teil des Pfeffers bestreuen. Restliche Schokoladenmasse in Form von kleinen Talern (Ø etwa 3 cm) auf Backpapier setzen und mit dem restlichen Pfeffer bestreuen. Schokolade fest werden lassen.

7. Die Schokoladentaler auf den Kuchen in die noch nicht fest gewordene Schokoladenmasse legen. Schokolade fest werden lassen.

Tipps: Für den Teig die gemahlenen und gehackten Haselnusskerne in einer Pfanne ohne Fett unter Rühren leicht bräunen, herausnehmen und auf einem Teller erkalten lassen. Statt der bunten Pfefferkörner nur rosa Pfefferbeeren verwenden. Dann jedoch 2 Teelöffel davon nehmen. Der Schokopfeffer-Kuchen kann auch in einer Springform (Ø 26 cm, mit Backpapier belegt) gebacken werden.

Waffelkuchen

12 Stücke

Für den Biskuitteig:
3 Eier (Größe M)
100 g Zucker
1 Pck. Dr. Oetker Bourbon-Vanille-Zucker
70 g Weizenmehl
1 gestr. TL Dr. Oetker Backin
100 g gemahlene Haselnusskerne

Für den Belag:
1 Glas Sauerkirschen (Abtropfgewicht 370 g)
1 Pck. ungezuckerter Tortenguss, klar
1 TL Zucker
250 ml (¼ l) Sauerkirschsaft (aus dem Glas)
3 EL Sauerkirschsaft (aus dem Glas)

Für die Füllung:
125 g weiche Butter
60 g Puderzucker
400 g Schmand (Sauerrahm, 24 % Fett)

12 Frischeiwaffeln (250 g, rechteckige Waffeln, 6 x 9 cm, Fertigprodukt)

Zum Bestäuben:
etwas Puderzucker

Zubereitungszeit: 35 Minuten, ohne Kühlzeit
Backzeit: etwa 15 Minuten

Etwas Besonders – mal anders

Pro Stück:
E: 6 g, F: 29 g, Kh: 41 g,
kJ: 1907, kcal: 456, BE: 3,5

1. Den Backofen vorheizen. Ober-/Unterhitze: etwa 180 °C, Heißluft: etwa 160 °C.

2. Für den Teig Eier in einer Rührschüssel mit Handrührgerät mit Rührbesen auf höchster Stufe in 1 Minute schaumig schlagen. Zucker mit Vanille-Zucker mischen, in 1 Minute unter Rühren einstreuen, dann noch etwa 2 Minuten schlagen.

3. Mehl mit Backpulver mischen und kurz auf niedrigster Stufe unterrühren. Haselnusskerne unterheben. Einen Backrahmen (28 x 26 cm) auf ein Backblech (mit Backpapier belegt) stellen. Den Teig in dem Backrahmen verteilen und glatt streichen. Das Backblech in den vorgeheizten Backofen schieben. Die Biskuitplatte etwa 15 Minuten backen.

4. In der Zwischenzeit für den Belag Sauerkirschen in einem Sieb abtropfen lassen, den Saft auffangen. 250 ml (¼ l) und zusätzlich 3 Esslöffel Saft abmessen.

5. Das Backblech auf einen Kuchenrost stellen. Die Biskuitplatte erkalten lassen.

6. Die Sauerkirschen auf der Biskuitplatte verteilen. Aus Tortengusspulver, Zucker und Sauerkirschsaft einen Guss nach Packungsanleitung zubereiten. Den Guss auf den Sauerkirschen verteilen. Den Kuchen etwa 30 Minuten in den Kühlschrank stellen.

7. Für die Füllung Butter mit Puderzucker in einer Rührschüssel mit Handrührgerät mit Rührbesen schaumig rühren. Schmand nach und nach unterschlagen. Die Butter-Schmand-Masse auf den Sauerkirschen verteilen und glatt streichen. Die Waffeln dicht an dicht auf die Butter-Schmand-Masse legen und leicht in die Masse drücken. Den Kuchen etwa 1 Stunde in den Kühlschrank stellen.

8. Den Backrahmen mit einem Messer lösen und entfernen. Backpapier ebenfalls entfernen. Den Waffelkuchen in Stücke schneiden. Nach Belieben mit Puderzucker bestäuben.

Tipps: Den restlichen Sauerkirschsaft mit Fruchtsaft, z. B. Apfel-, Orangen- oder Kirschnektar zu 200 ml Flüssigkeit auffüllen. 20 g Zucker und 20 g Speisestärke mit etwas von dem Saft anrühren. Restlichen Saft in einem Topf zum Kochen bringen. Angerührte Speisestärke in den von der Kochstelle genommenen Saft rühren und unter Rühren aufkochen lassen. Die Fruchtsauce erkalten lassen und zu dem Waffelkuchen reichen. Oder eine fertige Fruchtsauce, z. B. Kirschsauce dazureichen.

a

Hundert-Gramm-Kuchen

12 Stücke

Zum Vorbereiten:
100 g Amarettini (ital. Mandelmakronen)
etwa 130 g frische Rote Bete
1 EL Zitronensaft

Für den Rührteig:
100 g weiche Butter oder Margarine
100 g Zucker
1 Pck. Dr. Oetker Vanillin-Zucker
3 Eier (Größe M)
100 g Weizenmehl
100 g abgezogene, gemahlene Mandeln
2 gestr. TL Dr. Oetker Backin

Für den Guss:
100 g Puderzucker
1–2 EL Rote-Bete-Saft
1 TL Zitronensaft

Zum Garnieren:
einige Amarettini (ital. Mandelmakronen)

Zubereitungszeit: 40 Minuten
Backzeit: etwa 35 Minuten

Raffiniert

Pro Stück:
E: 5 g, F: 14 g, Kh: 32 g,
kJ: 1145, kcal: 273, BE: 2,5

1. Zum Vorbereiten Amarettini im Mixer oder Blitzhacker fein zerbröseln. Rote Bete schälen und auf einer Haushaltsreibe fein raspeln, sodass 100 g Raspeln entstehen. Rote-Bete-Raspel mit Zitronensaft mischen.

2. Den Backofen vorheizen. Ober-/Unterhitze: etwa 180 °C, Heißluft: etwa 160 °C.

3. Für den Teig Butter oder Margarine in einer Rührschüssel mit Handrührgerät mit Rührbesen geschmeidig rühren. Nach und nach Zucker und Vanillin-Zucker unterrühren. So lange rühren, bis eine gebundene Masse entstanden ist.

4. Eier nach und nach unterrühren (jedes Ei etwa ½ Minute). Mehl mit Mandeln und Backpulver mischen, in 2 Portionen auf mittlerer Stufe unterrühren. Amarettinibrösel (1 Esslöffel abnehmen) und Rote-Bete-Raspel unterrühren (Abbildung a).

5. Den Teig in eine Kranzform (Ø 22 cm, gefettet, mit den abgenommenen Amarettinibröseln ausgestreut) geben und glatt streichen. Die Form auf dem Rost in den vorgeheizten Backofen schieben. Den Kuchen etwa 35 Minuten backen.

6. Den Kuchen aus der Form lösen und auf einen mit Backpapier belegten Kuchenrost stürzen.

7. Für den Guss Puderzucker mit so viel Rote-Bete-Saft und Zitronensaft verrühren, dass eine dickflüssige Masse entsteht. Zwei Drittel des Gusses auf den noch warmen Kuchen streichen und in „Nasen" herunterlaufen lassen. Amarettini auf den Kuchen legen. Restlichen Guss mithilfe eines Teelöffels auf die Amarettini geben. Den Kuchen erkalten lassen.

Tipp: Sollte für den Guss kein Rote-Bete-Saft zur Verfügung stehen, einige Tropfen rote Lebensmittelfarbe und 1–2 Esslöffel Zitronensaft verwenden.

Rote-Bete-Kuchen, gefüllt

18 Stücke

Für den All-in-Teig:
100 g gekochte Rote Bete (vakuumverpackt)
200 g Weizenmehl
2 gestr. TL Dr. Oetker Backin
150 g Zucker
1 Pck. Dr. Oetker Vanillin-Zucker
1 TL abgeriebene Zitronenschale von 1 Bio-Zitrone (unbehandelt, ungewachst)
125 ml (1/8 l) Buttermilch
2 Eier (Größe M)
125 ml (1/8 l) Speiseöl
50 g Zartbitter- oder Vollmilch-Raspelschokolade

Für die Füllung:
200 g Schmand (Sauerrahm 24 % Fett)
1 TL Zitronensaft
3 EL Rote-Bete-Saft
1 Pck. Dr. Oetker Sahnesteif
30 g Zucker

Zum Verzieren:
50 g Zartbitter-Schokolade
½ TL Speiseöl

Zubereitungszeit: 40 Minuten, ohne Kühlzeit
Backzeit: 45–50 Minuten

Raffiniert

Pro Stück:
E: 3 g, F: 12 g, Kh: 23 g,
kJ: 897, kcal: 214, BE: 2,0

1. Für den Teig Rote Bete aus der Packung nehmen, den Saft auffangen. Rote Bete auf einer Haushaltsreibe fein raspeln, in ein Sieb geben und abtropfen lassen. Den Saft ebenfalls auffangen.

2. Den Backofen vorheizen. Ober-/Unterhitze: etwa 180 °C, Heißluft: etwa 160 °C.

3. Mehl mit Backpulver mischen und in eine Rührschüssel geben. Zucker, Vanillin-Zucker, Zitronenschale, Buttermilch, Eier und Speiseöl hinzufügen. Die Zutaten mit Handrührgerät mit Rührbesen zunächst kurz auf niedrigster, dann auf höchster Stufe in etwa 2 Minuten zu einem glatten Teig verarbeiten. Geraspelte Rote Bete und Raspelschokolade unterrühren.

4. Den Teig in eine Rehrückenform (30 x 11 cm, gefettet, gemehlt) geben und glatt streichen. Die Form auf dem Rost in den vorgeheizten Backofen schieben. Den Kuchen 45–50 Minuten backen.

5. Die Form auf einen Kuchenrost stellen. Den Kuchen etwa 5 Minuten in der Form stehen lassen, dann aus der Form lösen und auf einen mit Backpapier belegten Kuchenrost stürzen. Kuchen erkalten lassen und einmal waagerecht durchschneiden. Den unteren Boden auf eine Tortenplatte legen.

6. Für die Füllung Schmand mit Zitronensaft und Rote-Bete-Saft in einer Rührschüssel verrühren. Sahnesteif mit Zucker mischen und hinzugeben. Die Schmandmasse cremig aufschlagen. Zwei Drittel der Masse auf dem unteren Boden verteilen. Den oberen Boden darauflegen.

7. Restliche Schmandmasse in einen Spritzbeutel mit kleiner Lochtülle füllen. Die Kuchenoberfläche damit verzieren und etwa 1 Stunde in den Kühlschrank stellen.

8. Zum Verzieren Schokolade in Stücke brechen, mit Speiseöl in einem kleinen Topf im heißen Wasserbad bei schwacher Hitze unter Rühren schmelzen. Schokolade etwas abkühlen lassen. Den Kuchen mit der Schokolade verzieren. Schokolade fest werden lassen.

Tipps: Der Kuchen kann auch in einer Kastenform (25 x 11 cm) gebacken werden. Sollte die Farbe für die Füllung nicht kräftig genug sein, einige Tropfen rote Lebensmittelfarbe unterrühren.

Schokoladenkuchen, gekocht

15 Stücke

Zum Vorbereiten für den Teig:
25 g gesiebtes Kakaopulver
200 g Zucker
100 ml Wasser
200 g Butter

Für den Teig:
4 Eier (Größe M)
1 Pck. Dr. Oetker Bourbon-Vanille-Zucker
250 g Weizenmehl
3 gestr. TL Dr. Oetker Backin
100 g weiße Schokolade

Für den Guss:
15 g Zucker
1 gestr. TL (5 g) Kakaopulver
2 EL Wasser
75 g Butter

Nach Belieben zum Bestreuen:
weiße und dunkle Schokoperlen

Zubereitungszeit: 35 Minuten, ohne Abkühlzeit
Backzeit: etwa 60 Minuten

Mal anders – einfach

Pro Stück:
E: 4 g, F: 20 g, Kh: 31 g,
kJ: 1336, kcal: 319, BE: 2,5

1. Zum Vorbereiten Kakao, Zucker und Wasser in einem kleinen Topf verrühren. Butter hinzugeben. Die Zutaten zum Kochen bringen, dabei zwischendurch 1–2-mal umrühren. Die Kakaomasse in eine Rührschüssel geben und erkalten lassen.

2. Den Backofen vorheizen. Ober-/Unterhitze: etwa 180 °C, Heißluft: etwa 160 °C.

3. Für den Teig Eier und Vanille-Zucker unter die erkaltete Kakaomasse rühren. Mehl mit Backpulver mischen und unterrühren. Schokolade in etwa ½ cm große Stücke schneiden und unter den Teig heben. Den Teig in eine Kastenform (25 x 11 cm, mit Backpapier ausgelegt) geben und glatt streichen. Die Form auf dem Rost in den vorgeheizten Backofen schieben. Den Kuchen etwa 60 Minuten backen.

4. Den Kuchen mit dem Backpapier aus der Form heben und auf einen Kuchenrost setzen. Kuchen erkalten lassen.

5. Für den Guss Zucker, Kakao und Wasser in einem kleinen Topf verrühren. Butter hinzufügen. Die Zutaten unter Rühren einmal aufkochen lassen. Den Topf von der Kochstelle nehmen. Den Guss erkalten lassen (er muss aber dickflüssig bleiben).

6. Von dem Kuchen das Backpapier entfernen. Den Kuchen auf eine Tortenplatte legen und mit dem Guss bestreichen. Nach Belieben Schokoperlen auf den Guss streuen. Guss fest werden lassen.

Roter Stricknadelkuchen

12 Stücke

Für den Rührteig:
75 g Kokosraspel
200 g weiche Butter oder Margarine
150 g Zucker
1 Pck. Dr. Oetker Vanillin-Zucker
1 Prise Salz
4 Eier (Größe M)
200 g Weizenmehl
2 gestr. TL Dr. Oetker Backin
1 kleine Dose Kokosmilch (165 ml)

2 EL (etwa 15 g) Kokosraspel
für die Form

Zum Tränken:
30 g brauner Zucker (Rohrzucker)
175 ml Grenadinesirup
2 EL Zitronensaft

Für den Belag:
Granatapfelkerne
(von etwa ½ Granatapfel)

Zubereitungszeit: 35 Minuten,
ohne Durchziehzeit
Backzeit: etwa 40 Minuten

Etwas Besonderes

Pro Stück:
E: 5 g, F: 24 g, Kh: 39 g,
kJ: 1627, kcal: 389, BE: 3,5

Tipps: Zu dem Kuchen eine Kokossahne reichen. Dafür 200 g Schlagsahne mit je 1 Päckchen Dr. Oetker Sahnesteif und Vanillin-Zucker steif schlagen. 25 g Kokosraspel fein mahlen und unter die Sahne heben. Ohne Granatapfelkerne ist der Kuchen gekühlt 2–3 Tage haltbar.

1. Den Backofen vorheizen. Ober-/Unterhitze: etwa 180 °C, Heißluft: etwa 160 °C.

2. Für den Teig Kokosraspel in einem Blitzhacker oder Mixer zerkleinern. Butter oder Margarine in einer Rührschüssel mit Handrührgerät mit Rührbesen geschmeidig rühren. Nach und nach Zucker, Vanillin-Zucker und Salz unterrühren. So lange rühren, bis eine gebundene Masse entstanden ist.

3. Eier nach und nach unterrühren (jedes Ei etwa ½ Minute). Mehl mit Backpulver und den Kokosraspeln mischen, abwechselnd in 2 Portionen mit der Kokosmilch kurz auf mittlerer Stufe unterrühren. Den Teig in eine Springform (Ø 26 cm, gefettet, mit Kokosraspeln ausgestreut) geben und glatt streichen.

4. Die Form auf dem Rost in den vorgeheizten Backofen schieben. Den Kuchen etwa 40 Minuten backen.

5. Die Form auf einen Kuchenrost stellen. In die Kuchenoberfläche sofort mit einer dicken Stricknadel beliebig viele Löcher einstechen. Den Springformrand lösen, jedoch nicht entfernen. Den Kuchen erkalten lassen. Die Löcher nochmals nachstechen. Den Kuchen aus der Form lösen und auf eine Tortenplatte legen.

6. Zum Tränken Zucker in einem Topf karamellisieren. Sirup und Zitronensaft hinzugeben, zum Kochen bringen und so lange kochen lassen, bis sich der Zucker gelöst hat. Den Kuchen nach und nach mit der heißen Sirupmasse (bis auf 3 Esslöffel) tränken.

7. Für den Belag Granatapfelkerne zu der restlichen Sirupmasse (etwa 3 Esslöffel) geben und nochmals kurz erwärmen. Die Masse auf der Kuchenoberfläche verteilen. Den Stricknadelkuchen mehrere Stunden durchziehen lassen.

Süßkartoffelkuchen mit Avocado

24 Stücke

Zum Vorbereiten:
100 g Avocado-Fruchtfleisch
(von etwa ½ Avocado)
1 EL Limettensaft

Für den Rührteig:
125 g weiche Butter oder Margarine
150 g brauner Zucker (Rohrzucker)
1 Pck. Dr. Oetker Bourbon-Vanille-Zucker
1 Msp. gemahlener Zimt
2 Eier (Größe M)
325 g Weizenmehl
2 gestr. TL Dr. Oetker Backin
200 g grob geraspelte Süßkartoffeln
75 g gehackte, getrocknete Datteln
75 g gehackte Walnusskerne

Zum Bestreichen und für den Belag:
etwa 3 EL Limettengelee
einige Datteln
evtl. einige Walnusskerne

Für die Avocadosahne:
75 g Avocado-Fruchtfleisch
1 EL Limettensaft
125 g Schlagsahne
1 Pck. Dr. Oetker Bourbon-Vanille-Zucker

Zubereitungszeit: 50 Minuten,
ohne Abkühlzeit
Backzeit: etwa 40 Minuten

Exotisch – begeistert Gäste

Pro Stück:
E: 3 g, F: 11 g, Kh: 25 g,
kJ: 862, kcal: 206, BE: 2,0

1. Den Backofen vorheizen. Ober-/Unterhitze: etwa 180 °C, Heißluft: etwa 160 °C.

2. Zum Vorbereiten Avocado-Fruchtfleisch mit Limettensaft pürieren.

3. Für den Teig Butter oder Margarine in einer Rührschüssel mit Handrührgerät mit Rührbesen geschmeidig rühren. Nach und nach Zucker, Vanille-Zucker und Zimt unterrühren. So lange rühren, bis eine gebundene Masse entstanden ist. Avocadopüree hinzugeben.

4. Eier nach und nach unterrühren (jedes Ei etwa ½ Minute). Mehl und Backpulver mischen, in 2 Portionen auf mittlerer Stufe unterrühren. Süßkartoffelraspel, Datteln und Walnusskerne unter den Teig heben. Den Teig in eine rechteckige Tarteform (21 x 28 cm, gefettet) geben und glatt streichen. Die Form auf dem Rost in den vorgeheizten Backofen schieben. Den Kuchen etwa 40 Minuten backen.

5. Den Kuchen aus der Form lösen und auf einen mit Backpapier belegten Kuchenrost legen.

6. Zum Bestreichen und für den Belag Gelee verrühren. Den heißen Kuchen damit bestreichen. Mit Dattelstücken und nach Belieben mit Walnusskernen belegen. Kuchen erkalten lassen.

7. Für die Avocadosahne Avocado-Fruchtfleisch mit Limettensaft pürieren. Sahne mit Vanille-Zucker steif schlagen. Avocadopüree unterrühren. Die Avocadosahne zu dem Kuchen reichen.

Tipps: Der Kuchen kann auch auf einem Backblech mit Backrahmen (25 x 25 cm, gefettet) oder in einer runden Tarteform (Ø 28 cm, gefettet) zubereitet und gebacken werden. Den Kuchen zusätzlich mit Süßkartoffelstreifen garnieren. Dafür 100 g geschälte Süßkartoffelstreifen in 2 Esslöffeln Limettengelee kurz dünsten und erkalten lassen. Kuchenoberfläche damit garnieren **(Foto)**.

Semmelbröselkuchen mit Kirschen

12 Stücke

Zum Vorbereiten:
1 Glas Sauerkirschen (Abtropfgewicht 370 g)

Für den Rührteig:
125 g weiche Butter oder Margarine
175 g Zucker
1 Pck. Dr. Oetker Vanillin-Zucker
1 gestr. TL gemahlener Zimt
4 Eier (Größe M)
150 g Semmelbrösel
2 ½ gestr. TL Dr. Oetker Backin

100 g Löffelbiskuits für den Springformboden

Zum Bestreichen:
2 EL Sauerkirschsaft
1 EL flüssiger Blütenhonig

Für den Belag:
250 g Schmand (Sauerrahm)
50 ml Sauerkirschsaft (aus dem Glas)
1 Pck. Dr. Oetker Sahnesteif
1 TL Zucker

etwas Puderzucker

Zubereitungszeit: 30 Minuten, ohne Abkühlzeit
Backzeit: etwa 40 Minuten

Einfach – für jeden Tag

Pro Stück:
E: 6 g, F: 16 g, Kh: 41 g,
kJ: 1400, kcal: 334, BE: 3,5

1. Zum Vorbereiten Kirschen in einem Sieb abtropfen lassen. Den Saft auffangen und 50 ml abmessen.

2. Den Backofen vorheizen. Ober-/Unterhitze: etwa 180 °C, Heißluft: etwa 160 °C.

3. Für den Teig Butter oder Margarine in einer Rührschüssel mit Handrührgerät mit Rührbesen geschmeidig rühren. Nach und nach Zucker, Vanillin-Zucker und Zimt unterrühren. So lange rühren, bis eine gebundene Masse entstanden ist. Eier nach und nach unterrühren (jedes Ei etwa ½ Minute). Semmelbrösel mit Backpulver mischen, in 2 Portionen auf mittlerer Stufe unter den Teig rühren.

4. Den Boden einer Springform (Ø 26 cm, leicht gefettet) mit den Löffelbiskuits (Zuckerseite nach oben) auslegen. Den Teig daraufgeben und glatt streichen. Die Kirschen darauf verteilen. Die Form auf dem Rost in den vorgeheizten Backofen schieben. Den Kuchen etwa 40 Minuten backen.

5. Zum Bestreichen Sauerkirschsaft mit Honig verrühren.

6. Den Kuchen aus der Form lösen und auf einen mit Backpapier belegten Kuchenrost legen. Die Kirschen sofort nach dem Backen mit der Saft-Honig-Flüssigkeit bestreichen. Kuchen erkalten lassen.

7. Für den Belag Schmand mit Kirschsaft verrühren. Sahnesteif mit Zucker mischen, zu der Schmandmasse geben und cremig schlagen.

8. Die Schmand-Kirsch-Creme in Klecksen auf dem Kuchen verteilen. Den oberen Kuchenrand mit Puderzucker bestäuben.

Tipp: Nach Belieben die Schmand-Kirsch-Creme auf der Kuchenoberfläche verteilen oder zu dem Kuchen reichen.

Variante: Den Semmelbröselkuchen mit einem Tortenguss überziehen. Dafür aus 250 ml (¼ l) Kirschsaft (aus dem Glas), 1 Päckchen ungezuckerter Tortengusspulver, klar und 1 Teelöffel Zucker einen Guss nach Packungsanleitung zubereiten. Den Guss auf den erkalteten Semmelbröselkuchen geben und fest werden lassen. Dann die Schmand-Kirsch-Creme dazureichen und den Puderzucker für den Rand weglassen.

Biskuitrollenschnitten mit Zitronengelee

20 Stücke

Für den Knetteig:
150 g Weizenmehl
½ gestr. TL Dr. Oetker Backin
50 g Zucker
90 g Butter oder Margarine

Für den Biskuitteig:
3 Eier (Größe M)
1 Eigelb (Größe M)
70 g Zucker
70 g Weizenmehl
½ gestr. TL Dr. Oetker Backin
5 g gesiebtes Kakaopulver

Zum Bestreichen:
100 g Zitronengelee (Lemongelee)

Für die Füllung:
250 g Mascarpone (ital. Frischkäse)
200 g Schlagsahne
1 Pck. Dr. Oetker Sahnesteif
1 TL Zucker
1 Pck. Dr. Oetker Vanillin-Zucker

Für den Belag:
1 Dose Mandarinen (Abtropfgewicht 175 g)
etwa 100 g kernlose, grüne Weintrauben

Für den Guss:
2 Pck. gezuckerter Tortenguss, klar
etwa 400 ml Apfelsaft, klar
etwa 100 ml Mandarinensaft (aus der Dose)

Zubereitungszeit:
50 Minuten, ohne Kühlzeit
Backzeit: Knetteigboden etwa 15 Minuten
Backzeit: Biskuitboden 7–8 Minuten

Für den besonderen Anlass

Pro Stück:
E: 3 g, F: 14 g, Kh: 28 g,
kJ: 1070, kcal: 255, BE: 2,5

1. Den Backofen vorheizen. Ober-/Unterhitze: etwa 200 °C, Heißluft: etwa 180 °C.

2. Für den Knetteig Mehl mit Backpulver mischen, in eine Rührschüssel geben. Restliche Zutaten hinzugeben und mit Handrührgerät mit Rührbesen zunächst kurz auf niedrigster, dann auf höchster Stufe zu einem glatten Teig verarbeiten. Sollte der Teig kleben, ihn in Frischhaltefolie gewickelt eine Zeit lang kalt stellen.

3. Den Teig auf einem Backblech (gefettet) in der Größe von 30 x 20 cm ausrollen. Den Teig mehrmals mit einer Gabel einstechen. Das Backblech in den vorgeheizten Backofen schieben. Die Gebäckplatte etwa 15 Minuten backen.

4. Das Backblech auf einen Kuchenrost stellen. Die Gebäckplatte vom Backblech lösen, aber darauf erkalten lassen. Die Backofentemperatur auf Ober-/Unterhitze: etwa 180 °C, Heißluft: etwa 160 °C herunterschalten.

5. Für den Biskuitteig aus den angegebenen Zutaten wie auf Seite 119 beschrieben einen Biskuitteig zubereiten. Den Teig auf einem Backblech (mit Backpapier belegt) in der Größe von 25 x 40 cm verteilen und glatt streichen. Das Backpapier an der offenen Seite des Backbleches unmittelbar vor dem Teig zur Falte knicken, sodass ein Rand entsteht. Das Backblech in den heißen Backofen schieben. Die Biskuitplatte 7–8 Minuten backen.

6. Die Biskuitplatte vom Backblechrand lösen und auf mit Zucker bestreutes Backpapier stürzen. Mitgebackenes Backpapier vorsichtig abziehen.

7. Zum Bestreichen Gelee glatt rühren, auf die heiße Biskuitplatte streichen und sofort von der längeren Seite aus aufrollen. Biskuitrolle erkalten lassen.

8. Den Knetteigboden auf eine Platte legen. Einen Backrahmen darumstellen.

9. Für die Füllung Mascarpone mit Sahne in einer Rührschüssel verrühren. Sahnesteif mit Zucker und Vanillin-Zucker mischen und hinzugeben. Die Mascarpone-Sahne-Masse mit Handrührgerät mit Rührbesen cremig aufschlagen, auf den Knetteigboden in den Backrahmen geben und glatt streichen.

10. Die Biskuitrolle in 20 etwa 1 ½ cm dicke Scheiben schneiden und auf die Mascarpone-Sahne-Creme legen. Den Kuchen etwa 1 Stunde in den Kühlschrank stellen.

11. Für den Belag Mandarinen in einem Sieb abtropfen lassen, den Saft auffangen. Mit Apfelsaft auf 500 ml (½ l) auffüllen. Weintrauben abspülen, trocken tupfen und entstielen. Die Mandarinen und Weintrauben in die Zwischenräume der Biskuitscheiben legen.

12. Für den Guss aus gezuckertem Tortengusspulver und Saft einen Guss nach Packungsanleitung zubereiten und etwas abkühlen lassen. Den Guss vorsichtig auf den Biskuitscheiben, Mandarinen und Weintrauben verteilen. Den Kuchen etwa 1 Stunde in den Kühlschrank stellen. Backrahmen lösen und entfernen. Den Kuchen in Schnitten teilen.

Tipp: Statt Mandarinen können auch frische Früchte, z. B. Himbeeren oder kleine Erdbeeren verwendet werden. Dann den Guss mit 500 ml (½ l) Apfelsaft zubereiten.

Mayonnaisekuchen mit Apfelbaiser

25 Stücke

Zum Vorbereiten:
1 Pck. (2 g) Instant-Kaffeepulver oder 1 TL lösliches Kaffeepulver
1 EL kaltes Wasser

Für den All-in-Teig:
250 g Weizenmehl
2 gestr. TL Dr. Oetker Backin
1 Pck. Dr. Gala Schokoladen-Pudding-Pulver
120 g Zucker
1 Pck. Dr. Oetker Bourbon-Vanille-Zucker
2 Eier (Größe M)
2 Eigelb (Größe M)
1 Glas (250 g) Salat- oder Joghurtmayonnaise
50 ml Sonnenblumenöl
50 g Zartbitter-Raspelschokolade
1 EL Apfelmus (aus dem Glas)

Für das Apfelbaiser:
2 Eiweiß (Größe M)
80 g Zucker
1 geh. TL Speisestärke
2 EL Apfelmus (etwa 50 g, aus dem Glas)
25 g abgezogene, gemahlene Mandeln

evtl. etwa Puderzucker

Zubereitungszeit: 35 Minuten, ohne Abkühlzeit
Backzeit: etwa 45 Minuten

Raffiniert

Pro Stück:
E: 3 g, F: 10 g, Kh: 19 g,
kJ: 732, kcal: 175, BE: 1,5

1. Den Backofen vorheizen. Ober-/Unterhitze: etwa 180 °C, Heißluft: etwa 160 °C.

2. Zum Vorbereiten Kaffeepulver mit dem Wasser gut verrühren, bis das Pulver aufgelöst ist.

3. Für den Teig Mehl mit Backpulver und Pudding-Pulver in einer Rührschüssel mischen. Zucker, Vanille-Zucker, Eier, Eigelb, Mayonnaise, Sonnenblumenöl und aufgelöstes Kaffeepulver hinzufügen. Die Zutaten mit Handrührgerät mit Rührbesen zunächst kurz auf niedrigster, dann auf höchster Stufe in etwa 2 Minuten zu einem glatten Teig verarbeiten. Raspelschokolade und Apfelmus unterrühren.

4. Den Teig in eine quadratische Backform (25 x 25 cm, gefettet) geben und glatt streichen. Die Form auf dem Rost in den vorgeheizten Backofen schieben. Den Kuchen etwa 30 Minuten vorbacken.

5. In der Zwischenzeit für das Baiser Eiweiß mit Handrührgerät mit Rührbesen auf höchster Stufe steif schlagen. Zucker mit Speisestärke mischen und unterschlagen. Apfelmus und Mandeln unter die Baisermasse heben.

6. Die Form auf einen Kuchenrost stellen. Die Backofentemperatur auf Ober-/Unterhitze: etwa 220 °C, Heißluft: etwa 200 °C heraufschalten.

7. Apfelbaiser in einen Spritzbeutel mit glatter Tülle füllen und auf den vorgebackenen Kuchen spritzen. Den Kuchen wieder auf dem Rost in den vorgeheizten Backofen schieben. Den Kuchen in etwa 15 Minuten fertig backen.

8. Die Form auf einen Kuchenrost stellen. Den Kuchen etwa 5 Minuten in der Form stehen lassen, dann aus der Form lösen und auf einem mit Backpapier belegten Kuchenrost erkalten lassen.

9. Den Mayonnaisekuchen in Portionswürfel schneiden und nach Belieben mit Puderzucker bestäuben.

Tipp: Der Kuchen kann auch in einer Springform (Ø 26 cm, gefettet) oder auf einem Backblech mit Backrahmen (24 x 24 cm) gebacken werden.

Konfitüren-Kuchen mit Weinbergpfirsichen

20 Stücke

Für den All-in-Teig:
250 g Weizenmehl
3 gestr. TL Dr. Oetker Backin
100 g Zucker
1 Pck. Dr. Oetker Vanillin-Zucker
3 Eier (Größe M)
125 g weiche Butter oder Margarine
125 ml (1/8 l) Orangensaft (ohne Zucker)

Für den Belag:
1 kg Weinbergpfirsiche (in kleine Stücke geschnitten)
1 Beutel (25 g) Gelfix Super 3:1
350 g Zucker
1 Pck. (5 g) Zitronensäure
3 Blatt weiße Gelatine
2 EL Orangensaft
500 g Speisequark (40 % Fett)
1 Pck. Dr. Oetker Vanillin-Zucker

Zum Garnieren:
etwa 150 g Himbeeren (20 Stück)

Zubereitungszeit: 40 Minuten, ohne Kühlzeit
Backzeit: etwa 20 Minuten

Sehr saftig – einfach lecker

Pro Stück:
E: 6 g, F: 10 g, Kh: 39 g,
kJ: 1122, kcal: 268, BE: 3,0

1. Den Backofen vorheizen. Ober-/Unterhitze: etwa 180 °C, Heißluft: etwa 160 °C.

2. Für den Teig Mehl mit Backpulver mischen und in eine Rührschüssel geben. Zucker, Vanillin-Zucker, Eier, Butter oder Margarine und Orangensaft hinzufügen. Die Zutaten mit Handrührgerät mit Rührbesen zunächst kurz auf niedrigster, dann auf höchster Stufe in etwa 2 Minuten zu einem glatten Teig verarbeiten. Den Teig auf ein Backblech (30 x 40 cm, gefettet) geben und glatt streichen. Das Backblech in den vorgeheizten Backofen schieben. Die Gebäckplatte etwa 20 Minuten backen.

3. Das Backblech auf einen Kuchenrost stellen. Die Gebäckplatte erkalten lassen.

4. Für den Belag Pfirsichstücke in einen großen Topf geben. Gelfix mit Zucker verrühren und unter die Pfirsichstücke rühren. Die Zutaten unter Rühren bei starker Hitze zum Kochen bringen und mindestens 3 Minuten unter ständigem Rühren sprudelnd kochen lassen. Den Topf von der Kochstelle nehmen. Zitronensäure unterrühren. Die Konfitüre etwa 20 Minuten abkühlen lassen, dabei zwischendurch 2–3-mal umrühren.

5. Die Konfitüre auf die Gebäckplatte geben, glatt streichen und erkalten lassen.

6. Gelatine in kaltem Wasser nach Packungsanleitung einweichen. Gelatine ausdrücken und in einem kleinen Topf bei schwacher Hitze unter Rühren erwärmen (nicht kochen), bis sie völlig gelöst ist. Orangensaft unterrühren.

7. Quark mit Vanillin-Zucker verrühren. Gelatine zunächst mit etwas von der Quarkmasse verrühren, dann unter die restliche Quarkmasse rühren. 20 Quarkhäufchen mithilfe eines Esslöffels auf den Konfitürenbelag setzen.

8. Zum Garnieren Himbeeren verlesen, evtl. kurz abspülen und gut trocken tupfen. In die Mitte jedes Quarkhäufchens eine Himbeere setzen. Den Konfitüren-Kuchen etwa 30 Minuten in den Kühlschrank stellen.

9. Den Kuchen vor dem Servieren in Stücke schneiden.

Tipps: Statt Weinbergpfirsiche können auch normale Pfirsiche verwendet werden. Statt Gelfix Super 3 : 1 können Sie auch 250 g (1/2 Pck.) Super Gelierzucker 3 : 1 verwenden. Dann 750 g vorbereitete, in kleine Stücke geschnittene Weinbergpfirsiche für die Konfitüre verwenden.

a

Amazonas-Kuchen

20 Stücke

Für den Rührteig:
125 g Cashewkerne (geröstet, gesalzen)
250 g weiche Butter oder Margarine
200 g Zucker
1 Pck. Dr. Oetker Vanillin-Zucker
5 Eier (Größe M)
300 g Weizenmehl
3 gestr. TL Dr. Oetker Backin
20 g gesiebtes Kakaopulver
1 EL Milch

Für den Belag:
900–1000 g Bananen (etwa 6 Stück)
3 EL Zitronensaft
1 EL Zucker

Für die Buttercreme:
1 Pck. Dr. Oetker Pudding-Pulver Vanille-Geschmack
75 g Zucker
500 ml (½ l) Bananenmilch
250 g weiche Butter

Für den Guss:
200 g Zartbitter-Schokolade (mindestens 50 % Kakaoanteil)
2 EL Speiseöl

evtl. 2 EL gehackte Cashewkerne

Zubereitungszeit: 45 Minuten, ohne Kühlzeit
Backzeit: etwa 40 Minuten

Etwas aufwendiger – begeistert Gäste

Pro Stück:
E: 7 g, F: 31 g, Kh: 43 g, kJ: 2009, kcal: 480, BE: 6,0

1. Den Backofen vorheizen. Ober-/Unterhitze: etwa 180 °C, Heißluft: etwa 160 °C.

2. Für den Teig Cashewkerne in einem Blitzhacker fein hacken. Butter oder Margarine in einer Rührschüssel mit Handrührgerät mit Rührbesen geschmeidig rühren. Nach und nach Zucker und Vanillin-Zucker unterrühren. So lange rühren, bis eine gebundene Masse entstanden ist.

3. Eier nach und nach unterrühren (jedes Ei etwa ½ Minute). Mehl und Backpulver mischen, in 2 Portionen auf mittlerer Stufe unterrühren. Cashewkerne (2 Esslöffel davon beiseitelegen) unterrühren. Zwei Drittel des Teiges auf ein Backblech (30 x 40 cm, gefettet) geben und glatt streichen. Einen Backrahmen darumstellen. Unter den restlichen Teig Kakao und Milch rühren. Den dunklen Teig gleichmäßig auf dem hellen Teig verstreichen.

4. Für den Belag Bananen schälen, längs halbieren und mit Zitronensaft bestreichen. Die Bananenhälften mit der Schnittfläche nach unten auf den dunklen Teig legen (Abbildung a). Zucker mit den beiseitegelegten Cashewkernen mischen und auf die Bananenhälften streuen. Das Backblech in den vorgeheizten Backofen schieben. Den Kuchen etwa 40 Minuten backen.

5. Das Backblech auf einen Kuchenrost stellen. Den Kuchen etwa 30 Minuten abkühlen lassen, dann leicht mit Alufolie belegen. Kuchen vollständig erkalten lassen.

6. Für die Buttercreme aus Pudding-Pulver, Zucker und Bananenmilch einen Pudding nach Packungsanleitung zubereiten. Den Pudding erkalten lassen (nicht kalt stellen), dabei gelegentlich umrühren. Butter mit Handrührgerät mit Rührbesen geschmeidig rühren. Den Pudding esslöffelweise unterrühren. Dabei darauf achten, dass Butter und Pudding Zimmertemperatur haben, da die Creme sonst gerinnt. Die Buttercreme gleichmäßig auf den Kuchen streichen. Den Kuchen etwa 1 Stunde in den Kühlschrank stellen.

7. Für den Guss Schokolade in Stücke brechen, mit Speiseöl in einem kleinen Topf im heißen Wasserbad bei schwacher Hitze unter Rühren schmelzen. Die Schokolade auf die fest gewordene Buttercreme geben, schnell verstreichen und mithilfe eines Tortengarnierkammes oder einer Gabel verzieren. Nach Belieben mit gehackten Cashewkernen bestreuen. Guss fest werden lassen. Backrahmen lösen und entfernen.

Tipp: Statt geröstete und gesalzene Cashewkerne nur geröstete Cashewkerne verwenden. Dann jedoch 1 Prise Salz in den Rührteig geben.

Schoko-Panna-cotta-Schnitten

12 Stücke

Für den Rührteig:
150 g weiche Butter oder Margarine
100 g Zucker
4 Eier (Größe M)
250 g Weizenmehl
2 gestr. TL Dr. Oetker Backin
50 g abgezogene, gemahlene Mandeln
150 g Sahne Pudding Bourbon-Vanille (aus dem Kühlregal)

Für den Belag:
7 Blatt weiße Gelatine
100 ml Milch
75 g Zucker
25 g gesiebtes Kakaopulver
500 g Schlagsahne
200 g Zartbitter-Schokolade (mindestens 50 % Kakaoanteil)
2 EL Zitronensaft
200 g Mascarpone (ital. Frischkäse)

Für den Belag:
½ geschälte, große, reife Ananas (ohne Mittelstrunk)
25 g brauner Zucker (Rohrzucker)

Zubereitungszeit: 40 Minuten, ohne Kühlzeit
Backzeit: etwa 20 Minuten

Edel – für Gäste

Pro Stück:
E: 10 g, F: 42 g, Kh: 47 g, kJ: 2563, kcal: 612, BE: 4,0

1. Den Backofen vorheizen. Ober-/Unterhitze: etwa 180 °C, Heißluft: etwa 160 °C.

2. Für den Teig Butter oder Margarine in einer Rührschüssel mit Handrührgerät mit Rührbesen geschmeidig rühren. Nach und nach Zucker unterrühren. So lange rühren, bis eine gebundene Masse entstanden ist.

3. Eier nach und nach unterrühren (jedes Ei etwa ½ Minute). Mehl und Backpulver mischen, in 2 Portionen mit den Mandeln auf mittlerer Stufe unterrühren. Sahne-Pudding unterrühren.

4. Den Teig auf ein Backblech (30 x 40 cm, gefettet, mit Backpapier belegt) geben und glatt streichen. Einen Backrahmen darumstellen. Das Backblech in den vorgeheizten Backofen schieben. Die Gebäckplatte etwa 20 Minuten backen.

5. Das Backblech auf einen Kuchenrost stellen. Die Gebäckplatte erkalten lassen.

6. Für den Belag Gelatine in kaltem Wasser nach Packungsanleitung einweichen. Milch in einen Topf geben. Mit Zucker und Kakao verrühren. Sahne hinzugießen, bei mittlerer Hitze zum Kochen bringen. Den Topf von der Kochstelle nehmen. Schokolade in kleine Stücke hacken. Eingeweichte, leicht ausgedrückte Gelatine und Schokolade in der Sahnemilch unter Rühren auflösen, unter Rühren erkalten lassen.

7. Nach und nach Zitronensaft und Mascarpone unter die erkaltete Schokoladensahnemasse (muss noch flüssig sein) rühren, evtl. nochmals kalt stellen, bis die Schokoladensahnemasse anfängt zu gelieren. Dann die Schokoladensahnemasse vorsichtig auf die Gebäckplatte geben. Das Backblech etwa 3 Stunden in den Kühlschrank stellen.

8. Den Backrahmen lösen und entfernen. Den Backofengrill vorheizen.

9. Für den Belag Ananas in 12 sehr dünne Scheiben schneiden. Die Ananasscheiben dicht nebeneinander auf 2 Backbleche legen und mit etwas Zucker bestreuen. Die Backbleche nacheinander unter den vorgeheizten Grill schieben. Ananasscheiben jeweils 6–8 Minuten grillen, bis sie leicht gebräunt sind. Ananasscheiben erkalten lassen.

10. Den Panna-cotta-Kuchen in 12 Schnitten teilen und mit je einer Ananasscheibe belegen.

Tipps: Sollte kein Grill vorhanden sein, die mit Zucker bestreuten Ananasscheiben mit einem Crème-Brûlée-Brenner gratinieren bzw. bräunen. Oder die mit Zucker bestreuten Ananasscheiben im vorgeheizten Backofen (Ober-/Unterhitze: etwa 240 °C, oberste Schiene) 12–15 Minuten bräunen lassen.

a

Erdbeer-Panna-cotta-Schnitten

20 Stücke

Für den Teig:
100 g Löffelbiskuits
4 Eier (Größe M)
2 EL heißes Wasser
70 g Zucker
1 Pck. Dr. Oetker Vanillin-Zucker
75 g Weizenmehl
1 gestr. TL Dr. Oetker Backin

Für den Belag:
700 g Erdbeeren
400 g Schlagsahne
60 g Puderzucker
7 Blatt weiße Gelatine
2 EL Zitronensaft

etwas Puderzucker

Zubereitungszeit: 35 Minuten, ohne Kühlzeit
Backzeit: etwa 15 Minuten

Etwas Besonderes – süße Sünde

Pro Stück:
E: 4 g, F: 8 g, Kh: 17 g,
kJ: 664, kcal: 159, BE: 1,5

1. Für den Teig Löffelbiskuits in einen Gefrierbeutel füllen. Beutel verschließen. Löffelbiskuits mit einer Teigrolle fein zerbröseln.

2. Den Backofen vorheizen. Ober-/Unterhitze: etwa 180 °C, Heißluft: etwa 160 °C.

3. Eier und Wasser in einer Rührschüssel mit Handrührgerät mit Rührbesen auf höchster Stufe in 1 Minute schaumig schlagen. Zucker mit Vanillin-Zucker mischen, in 1 Minute unter Rühren einstreuen, dann noch etwa 2 Minuten schlagen. Mehl mit Backpulver mischen, kurz auf niedrigster Stufe unterrühren. Biskuitbrösel unterheben.

4. Den Teig auf ein Backblech (30 x 40 cm, mit Backpapier belegt) geben und glatt streichen. Das Backblech in den vorgeheizten Backofen schieben. Die Biskuitplatte etwa 15 Minuten backen.

5. Die Biskuitplatte vom Backblechrand lösen und auf mit Zucker bestreutes Backpapier stürzen. Biskuitplatte erkalten lassen. Mitgebackenes Backpapier vorsichtig abziehen.

6. Die Biskuitplatte senkrecht halbieren, sodass 2 Platten (etwa 30 x 20 cm) entstehen. Eine Biskuitplatte auf eine Tortenplatte legen. Einen Backrahmen darumstellen.

7. Für den Belag Erdbeeren putzen, abspülen, abtropfen lassen, entstielen und halbieren. 400 g der Erdbeeren mit Sahne und Puderzucker in einem Topf zum Kochen bringen, bei mittlerer Hitze 2–3 Minuten kochen lassen. Restliche Erdbeeren kalt stellen.

8. Gelatine in kaltem Wasser nach Packungsanleitung einweichen. Die Erdbeer-Sahne-Masse pürieren. Gelatine ausdrücken und unter Rühren darin auflösen. Zitronensaft unterrühren. Die Püreemasse in den Kühlschrank stellen, erkalten und leicht gelieren lassen. Dabei zwischendurch mehrmals umrühren. Die kalt gestellten Erdbeerhälften mit der Schnittfläche nach unten auf die Biskuitplatte legen (Abbildung a).

9. Wenn das Erdbeer-Sahne-Püree anfängt zu gelieren, auf den Erdbeerhälften im Backrahmen verteilen und glatt streichen. Die zweite Biskuitplatte darauflegen. Den Kuchen etwa 3 Stunden in den Kühlschrank stellen.

10. Den Backrahmen lösen und entfernen. Den Kuchen mit Puderzucker bestäuben und in Schnitten teilen.

Tipp: Für den Belag statt 700 g Erdbeeren 500 g Erdbeeren und 200 g gemischte, vorbereitete Früchte, z. B. Himbeeren, Blaubeeren und evtl. rote Johannisbeeren verwenden (Vorwortfoto).

a

Mandarinen-Marshmallow-Schnitten

20 Stücke

Für den Teig:
2 Dosen Mandarinen
(Abtropfgewicht je 175 g)
225 g weiche Butter oder Margarine
150 g Zucker
1 Pck. Dr. Oetker Finesse
Geriebene Zitronenschale
5 Eier (Größe M)
300 g Weizenmehl
3 gestr. TL Dr. Oetker Backin
75 g Weichweizengrieß

Für den Marshmallow-Belag:
6 Blatt weiße Gelatine
75 ml kochendes Wasser
300 g feinster Zucker
2 TL Zitronen- oder Limettensaft
einige Tropfen Lebensmittelfarbe nach Wahl
etwas Puderzucker

Zubereitungszeit: 40 Minuten
Backzeit: etwa 30 Minuten

Für Kinder

Pro Stück:
E: 4 g, F: 11 g, Kh: 39 g,
kJ: 1154, kcal: 276, BE: 3,5

1. Für den Teig Mandarinen in einem Sieb abtropfen lassen. Den Backofen vorheizen. Ober-/Unterhitze: etwa 180 °C, Heißluft: etwa 160 °C.

2. Butter oder Margarine in einer Rührschüssel mit Handrührgerät mit Rührbesen geschmeidig rühren. Nach und nach Zucker und Zitronenschale unterrühren. So lange rühren, bis eine gebundene Masse entstanden ist. Eier nach und nach unterrühren (jedes Ei etwa ½ Minute). Mandarinen unterrühren (die Mandarinen sollten etwas zerkleinert werden). Mehl mit Backpulver und Grieß mischen, in 2 Portionen kurz auf mittlerer Stufe unterrühren.

3. Den Teig auf ein Backblech (30 x 40 cm, mit Backpapier belegt) geben und glatt streichen. Das Backblech in den vorgeheizten Backofen schieben. Den Kuchen etwa 30 Minuten backen.

4. Das Backblech auf einen Kuchenrost stellen. Den Kuchen erkalten lassen.

5. Für den Belag Gelatine in kaltem Wasser nach Packungsanleitung einweichen. Gelatine leicht ausdrücken und in eine Rührschüssel (etwa 2-Liter-Inhalt) geben. Einen Esslöffel des kochenden Wasser hinzugeben. Die Gelatine unter Rühren auflösen. Zügig den Zucker und das restliche kochende Wasser hinzufügen.
Die Zutaten sofort mit Handrührgerät mit Rührbesen auf höchster Stufe in etwa 10 Minuten aufschlagen, bis sich der Zucker gelöst hat und eine weiß-schaumige Masse entstanden ist.

6. Die Zuckerschaummasse evtl. halbieren. Jeweils 1 Teelöffel Zitronen- oder Limettensaft mit einer Lebensmittelfarbe verrühren. Die angerührte Lebensmittelfarbe jeweils unter die Schaummasse rühren. Die Schaummasse getrennt in je einen Spritzbeutel mit glatter Tülle füllen und verschiedene Muster auf den Kuchen spritzen. Oder die Schaummasse sofort auf die Kuchenoberfläche geben und verstreichen. Schaummasse fest werden lassen (nicht kalt stellen).

7. Den Mandarinen-Marshmallow-Kuchen in Schnitten teilen.

Tipps: Sie können den Kuchen auch mit einem Zitronenguss verzieren. Dafür 175 g gesiebten Puderzucker mit 2–3 Esslöffeln Zitronensaft zu einer dickflüssigen Masse verrühren. Den Guss auf den noch warmen Kuchen geben und verstreichen. Kuchen erkalten lassen. Die Zuckerschaummasse nach Belieben auf eine mit Speiseöl bestrichene und leicht mit Puderzucker bestäubte Platte spritzen (Abbildung a) oder verstreichen. Masse fest werden lassen. Marshmallow in beliebige Figuren schneiden und auf den Kuchen legen. Zum Schneiden ein sehr scharfes Messer verwenden und nach jedem Schnitt säubern und evtl. leicht mit Speiseöl bestreichen.

Schoko-Milch-Schnitte

12 Stücke

Für den Biskuitteig:
4 Eier (Größe M)
120 g Zucker
100 g Weizenmehl
30 g gesiebtes Kakaopulver

Für die Creme:
200 g Magerquark
100 g gesüßte Kondensmilch
200 g Schlagsahne
1 Pck. Dr. Oetker Bourbon-Vanille-Zucker
1 Pck. Dr. Oetker Sahnesteif

Zubereitungszeit: 40 Minuten, ohne Kühlzeit
Backzeit: 8–10 Minuten

Für Kinder

Pro Stück:
E: 7 g, F: 9 g, Kh: 23 g, kJ: 839, kcal: 201, BE: 2,0

1. Den Backofen vorheizen. Ober-/ Unterhitze: etwa 200 °C, Heißluft: etwa 180 °C.

2. Für den Teig Eier und Zucker mit Handrührgerät mit Rührbesen auf höchster Stufe in etwa 5 Minuten schaumig schlagen. Mehl mit Kakao mischen, auf die Eiercreme geben und mit einem Schneebesen unterheben. Den Teig auf ein Backblech (30 x 40 cm, mit Backpapier belegt) geben und glatt streichen.

3. Das Backblech in den vorgeheizten Backofen schieben. Die Biskuitplatte 8–10 Minuten backen.

4. Die Biskuitplatte vom Backblechrand lösen. Die Biskuitplatte mit dem Backpapier vom Backblech auf einen Kuchenrost ziehen. Biskuitplatte erkalten lassen.

5. Für die Füllung Quark und Kondensmilch verrühren. Sahne mit Vanille-Zucker und Sahnesteif steif schlagen und unter die Quarkmasse heben.

6. Das mitgebackene Backpapier vorsichtig von der Biskuitplatte abziehen. Biskuitplatte längs halbieren. Die Quark-Sahne-Creme auf eine Biskuithälfte geben und glatt streichen. Die zweite Biskuithälfte mit der glatten Seite nach oben auf die Quark-Sahne-Creme legen. Den Kuchen mindestens 2 Stunden in den Kühlschrank stellen.

7. Vor dem Servieren die Kuchenränder evtl. gerade schneiden. Den Kuchen in 8 x 5 cm große Rechtecke schneiden.

Frischer Ananaskuchen

20 Stücke

Für den Rührteig:
200 g weiche Butter oder Margarine
150 g Zucker
1 Pck. Dr. Oetker Vanillin-Zucker
1 Prise Salz
4 Eier (Größe M)
250 g Weizenmehl
100 g Kokosraspel
2 gestr. TL Dr. Oetker Backin

2 EL Kokosraspel für das Backblech

Für den Belag:
400–500 g frische Ananasscheiben (aus dem Kühlregal)
125 g Heidelbeeren

Zum Bestreichen:
etwa 100 g Aprikosen-Fruchtaufstrich, fein passiert

Zum Bestreuen:
etwa 2 EL Kokosraspel

Zubereitungszeit: 35 Minuten, ohne Abkühlzeit
Backzeit: etwa 35 Minuten

Einfach

Pro Stück:
E: 3 g, F: 15 g, Kh: 23 g,
kJ: 1017, kcal: 243, BE: 2,0

1. Den Backofen vorheizen. Ober-/Unterhitze: etwa 180 °C, Heißluft: etwa 160 °C.

2. Für den Teig Butter oder Margarine in einer Rührschüssel mit Handrührgerät mit Rührbesen geschmeidig rühren. Nach und nach Zucker, Vanillin-Zucker und Salz unterrühren. So lange rühren, bis eine gebundene Masse entstanden ist.

3. Eier nach und nach unterrühren (jedes Ei etwa ½ Minute). Mehl mit Kokosraspeln und Backpulver mischen, in 2 Portionen auf mittlerer Stufe unterrühren. Den Teig auf ein Backblech (30 x 40 cm, gefettet, mit Kokosraspeln bestreut) geben und glatt streichen.

4. Für den Belag die Ananasscheiben evtl. in etwa ½ cm dicke Scheiben schneiden und auf den Teig legen. Heidelbeeren abspülen, gut trocken tupfen und in den Zwischenräumen der Ananasscheiben verteilen. Das Backblech in den vorgeheizten Backofen schieben. Den Ananaskuchen etwa 35 Minuten backen.

5. Das Backblech auf einen Kuchenrost stellen. Zum Bestreichen den Fruchtaufstrich in einem kleinen Topf kurz erhitzen. Den noch warmen Ananaskuchen damit bestreichen und nach Belieben mit Kokosraspeln bestreuen. Den Ananaskuchen erkalten lassen.

Tipp: Statt der frischen Ananasscheiben können Sie auch 1 Dose gut abgetropfte Ananasscheiben (Abtropfgewicht 500 g) verwenden. Nach Belieben den Ananassaft auffangen, mit Wasser auf 500 ml (½ l) auffüllen und mit 2 Päckchen ungezuckerten Tortengusspulver, klar einen Guss nach Packungsanleitung zubereiten. Den Guss auf dem erkalteten Ananaskuchen verteilen. Guss fest werden lassen.

a

Browniekuchen mit Frischkäse

20 Stücke

Für den Teig:
50 ml Milch
100 g feine Bitter-Schokolade
(65 % Kakaoanteil, Trumpf Schogetten)
200 g weiche Butter oder Margarine
150 g brauner Zucker (Rohrzucker)
1 Pck. Dr. Oetker Bourbon-Vanille-Zucker
4 Eier (Größe M)
250 g Weizenmehl
20 g gesiebtes Kakaopulver
1 gestr. TL Dr. Oetker Backin

Für die Füllung:
300 g Doppelrahm-Frischkäse
30 g Zucker
20 g Speisestärke
abgeriebene Schale von 1 Bio-Zitrone
(unbehandelt, ungewachst)
1 EL Zitronensaft
1 Ei (Größe M)

Für den Belag:
100 g feine Bitter-Schokolade
(65 % Kakaoanteil, Trumpf Schogetten)

Zubereitungszeit: 35 Minuten,
ohne Abkühlzeit
Backzeit: 25–30 Minuten

Edel – für Gäste

Pro Stück:
E: 6 g, F: 19 g, Kh: 24 g,
kJ: 1196, kcal: 286, BE: 2,0

1. Für den Teig Milch in einem Topf zum Kochen bringen. Den Topf von der Kochstelle nehmen. Schogetten in die Milch geben und unter Rühren schmelzen lassen.

2. Den Backofen vorheizen. Ober-/Unterhitze: etwa 180 °C, Heißluft: etwa 160 °C.

3. Butter oder Margarine in einer Rührschüssel mit Handrührgerät mit Rührbesen geschmeidig rühren. Nach und nach Zucker und Vanille-Zucker unterrühren. So lange rühren, bis eine gebundene Masse entstanden ist.

4. Eier nach und nach unterrühren (jedes Ei etwa ½ Minute). Geschmolzene Schogetten hinzufügen.

5. Mehl mit Kakao und Backpulver mischen, in 2 Portionen auf mittlerer Stufe unterrühren. Den Teig auf ein Backblech (30 x 40 cm, mit Backpapier belegt) geben und glatt streichen.

6. Für die Füllung Frischkäse mit Zucker, Speisestärke, Zitronenschale, -saft und Ei gut verrühren. Die Frischkäsemasse mithilfe eines Teelöffels in kleinen Häufchen auf dem Teig verteilen. Die Frischkäsemasse mit einem Löffelstiel einmal durch die Teigmasse ziehen, sodass ein Marmormuster entsteht (Abbildung a).

7. Das Backblech in den vorgeheizten Backofen schieben. Den Kuchen 25–30 Minuten backen.

8. Das Backblech auf einen Kuchenrost stellen. Für den Belag die Kuchenoberfläche sofort mit den Schogetten belegen. Den Kuchen erkalten lassen.

Fantaschnitten mit Kirsch-Joghurt*

20 Stücke

Für den Teig:
4 Eier (Größe M)
200 g Zucker
1 Pck. Dr. Oetker Vanillin-Zucker
125 ml (1/8 l) Speiseöl,
z. B. Sonnenblumenöl
125 ml (1/8 l) Fanta Mandarine®
100 g Weizenmehl
3 gestr. TL Dr. Oetker Backin
100 g Weichweizengrieß
100 g abgezogene, gemahlene Mandeln

etwas Weichweizengrieß für das Backblech

125 g Zartbitter-Kuvertüre oder -Schokolade (mindestens 50 % Kakaoanteil)

Für den Belag:
2 Gläser Sauerkirschen
(Abtropfgewicht je 370 g)
500 g Schlagsahne
2 Pck. Dr. Oetker Sahnesteif
2 Pck. Dr. Oetker Vanillin-Zucker
700 g griechischer Sahne-Joghurt
(10 % Fett)
50 g Zucker
1 Pck. Dr. Oetker Vanillin-Zucker
1 Pck. Dr. Oetker Sahnesteif

Zubereitungszeit: 40 Minuten, ohne Kühlzeit
Backzeit: etwa 20 Minuten

Süßer Genuss

Pro Stück:
E: 6 g, F: 24 g, Kh: 36 g,
kJ: 1624, kcal: 388, BE: 3,0

1. Den Backofen vorheizen. Ober-/Unterhitze: etwa 180 °C, Heißluft: etwa 160 °C.

2. Für den Teig Eier mit Zucker und Vanillin-Zucker in einer Rührschüssel mit Handrührgerät mit Rührbesen auf höchster Stufe etwa 3 Minuten schaumig schlagen. Speiseöl und Fanta unterrühren.

3. Mehl mit Backpulver, Grieß und Mandeln mischen, in 2 Portionen kurz auf mittlerer Stufe unterrühren. Den Teig auf einem Backblech (30 x 40 cm, gefettet, mit Grieß bestreut) verteilen. Einen Backrahmen darumstellen. Das Backblech in den vorgeheizten Backofen schieben. Den Gebäckboden etwa 20 Minuten backen.

4. Das Backblech auf einen Kuchenrost stellen. Gebäckboden erkalten lassen.

5. Kuvertüre in Stücke hacken oder Schokolade in Stücke brechen, in einem kleinen Topf im heißen Wasserbad bei schwacher Hitze unter Rühren schmelzen. Ein Viertel der Masse auf den Gebäckboden sprenkeln und fest werden lassen. Restliche Kuvertüre oder Schokolade beiseitestellen.

6. Für den Belag Kirschen in einem Sieb gut abtropfen lassen. Sahne mit Sahnesteif und Vanillin-Zucker steif schlagen. Joghurt mit Zucker, Vanillin-Zucker und Sahnesteif aufschlagen. Sahne unterheben.

7. Die Hälfte der Kirschen unter die Joghurt-Sahne-Creme heben und auf dem Gebäckboden verteilen. Die restlichen Kirschen darauflegen. Den Kuchen 2–3 Stunden in den Kühlschrank stellen.

8. Beiseitegestellte Kuvertüre oder Schokolade nochmals kurz erwärmen. Die Kuchenoberfläche damit verzieren.

Tipp: Die Joghurt-Sahne-Creme mit 1 Päckchen Dr. Oetker Finesse Natürliches Orangenschalen-Aroma verfeinern.

* Rezept nicht durch Coca-Cola autorisiert.

Register

Allgemeine Hinweise zu den Rezepten

Abkürzungen
EL = Esslöffel
TL = Teelöffel
Msp. = Messerspitze
Pck. = Packung/Päckchen
g = Gramm
kg = Kilogramm
ml = Milliliter
l = Liter
evtl. = eventuell
geh. = gehäuft
gestr. = gestrichen
TK = Tiefkühlprodukt
°C = Grad Celsius
Ø = Durchmesser

Kalorien-/ Nährwertangaben
E = Eiweiß
F = Fett
Kh = Kohlenhydrate
kcal = Kilokalorien
kJ = Kilojoule
BE= Broteinheiten

Allgemeine Hinweise zu den Rezepten

Lesen Sie bitte vor der Zubereitung – besser noch vor dem Einkauf – das Rezept einmal vollständig durch. Oft werden Arbeitsabläufe oder -zusammenhänge dann klarer.
Wenn Eier in einem Rezept nicht mitgebacken werden, nur ganz frische Eier verwenden, die nicht älter als 5 Tage sind (Legedatum beachten).

Zutatenliste

Die Zutaten sind in der Reihenfolge ihrer Verarbeitung aufgeführt.

Arbeitsschritte

Die Arbeitsschritte sind einzeln hervorgehoben, in der Reihenfolge, in der sie von uns ausprobiert wurden.

Backofeneinstellung

Die in den Rezepten angegebenen Backtemperaturen und -zeiten sind Richtwerte, die je nach individueller Hitzeleistung Ihres Backofens über- oder unterschritten werden können. Bitte beachten Sie deshalb bei der Einstellung des Backofens die Gebrauchsanleitung des Herstellers. Machen Sie nach Beendigung der angegebenen Backzeit eine Garprobe.
Die Temperaturangaben in diesem Buch beziehen sich auf Elektrobacköfen. Die Temperatureinstellungsmöglichkeiten für Gasbacköfen variieren je nach Hersteller, sodass wir keine allgemeingültigen Angaben machen können.

Zubereitungszeiten

Die Zubereitungszeit beinhaltet nur die Zeit für die eigentliche Zubereitung. Die Backzeiten sind gesondert ausgewiesen. Längere Wartezeiten wie z. B. Kühlzeiten sind nicht mit einbezogen.

Impressum

Für Fragen, Vorschläge oder Anregungen stehen Ihnen der Verbraucherservice der Dr. Oetker Versuchsküche Telefon: 0 08 00 71 72 73 74 Mo.–Fr. 8:00–18:00 Uhr, Sa. 9:00–15:00 Uhr (gebührenfrei in Deutschland) oder die Mitarbeiter des Dr. Oetker Verlages Telefon: +49 (0) 521 5206 50 Mo.–Fr. 9:00–15:00 Uhr zur Verfügung.
Schreiben Sie uns: Dr. Oetker Verlag KG, Am Bach 11, 33602 Bielefeld oder besuchen Sie uns im Internet unter www.oetker-verlag.de.

Umwelthinweis — Dieses Buch und der Einband wurden auf chlorfrei gebleichtem Papier gedruckt. Die Einschrumpffolie – zum Schutz vor Verschmutzung – ist aus umweltfreundlichem und recyclingfähigem PE-Material.

Redaktion — Carola Reich, Annette Riesenberg

Titelfoto — Thomas Diercks, Hamburg
Innenfotos — Christiane Krüger, Hamburg

Foodstyling — Eike Upmeier-Lorenz, Hamburg

Rezeptentwicklung und -beratung — Eike Upmeier-Lorenz, Hamburg

Wir danken für die freundliche Unterstützung — Coca-Cola, Berlin
Ludwig Schokolade, Bergisch-Gladbach
MARS, Viersen

Nährwertberechnungen — Nutri Service, Hennef

Grafisches Konzept — fuchs-design, Sabine Fuchs, München

Titelgestaltung — kontur:design, Bielefeld

Reproduktionen — Otterbach Medien KG GmbH und Co., Rastatt
Satz — Final Art, Manfred Karg, München
Druck und Bindung — Firmengruppe APPL, aprinta druck, Wemding

ISBN 978-3-7670-0679-9